U0008918

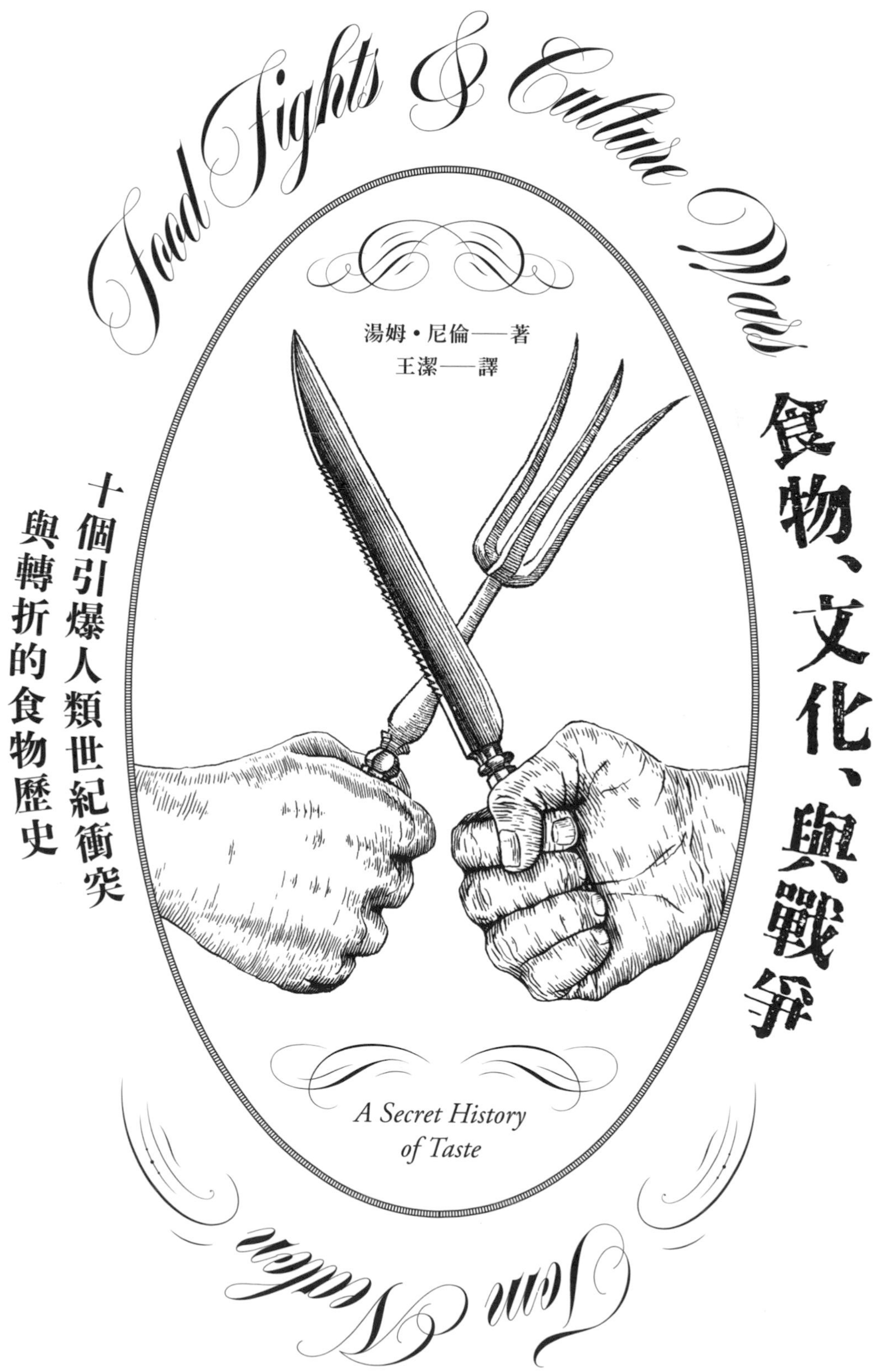
Food Fights & Culture Wars
湯姆・尼倫——著
王潔——譯
食物、文化、與戰爭
十個引爆人類世紀衝突
與轉折的食物歷史
A Secret History
of Taste
Tom Nealon

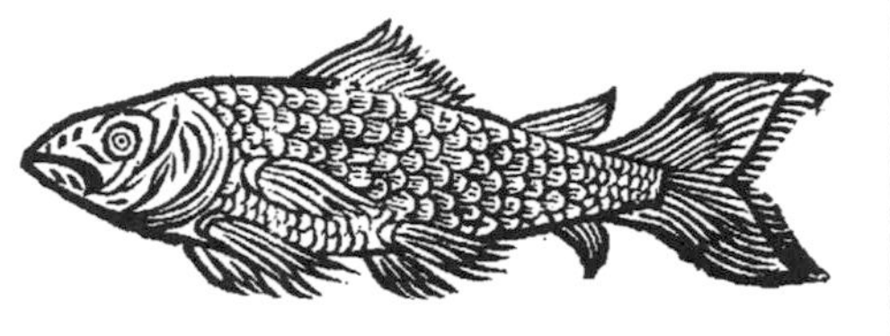

TOM NEALON

FOOD FIGHTS & CULTURE WARS

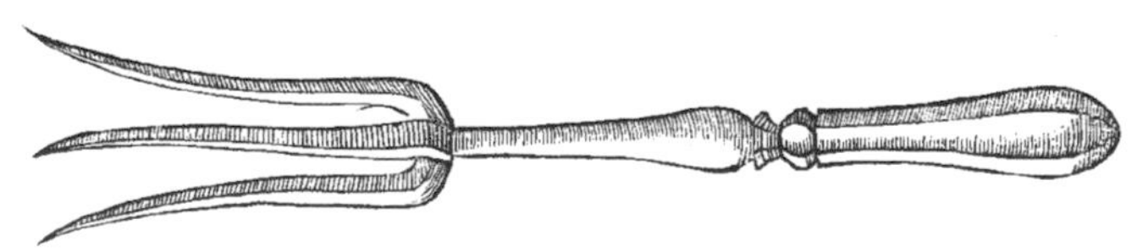

A SECRET HISTORY OF TASTE

BRITISH LIBRARY

1
2
3
5
6
8
10

1
2
4
5
11
10
8
9
12
14
15

食物、文化、與戰爭:十個引爆人類世紀衝突與轉折的食物歷史

作者　湯姆・尼倫(Tom Nealon)
翻譯　王潔
責任編輯　謝惠怡
封面設計　高偉哲
內頁排版　郭家振
行銷企劃　蔡函潔

發行人　何飛鵬
事業群總經理　李淑霞
副社長　林佳育
副主編　葉承享

出版　城邦文化事業股份有限公司　麥浩斯出版
E-mail　cs@myhomelife.com.tw
地址　104台北市中山區民生東路二段141號6樓
電話　02-2500-7578

發行　英屬蓋曼群島商家庭傳媒股份有限公司城邦分公司
地址　104台北市中山區民生東路二段141號6樓
讀者服務專線　0800-020-299(09:30～12:00;13:30～17:00)
讀者服務傳真　02-2517-0999
讀者服務信箱　Email: csc@cite.com.tw
劃撥帳號　1983-3516
劃撥戶名　英屬蓋曼群島商家庭傳媒股份有限公司城邦分公司

香港發行　城邦(香港)出版集團有限公司
地址　香港灣仔駱克道193號東超商業中心1樓
電話　852-2508-6231
傳真　852-2578-9337

馬新發行　城邦(馬新)出版集團Cite(M)Sdn. Bhd.
地址　41, Jalan Radin Anum, Bandar Baru Sri Petaling, 57000 Kuala Lumpur, Malaysia.
電話　603-90578822
傳真　603-90576622

總經銷　聯合發行股份有限公司
電話　02-29178022
傳真　02-29156275

製版印刷　凱林彩印股份有限公司
定價　新台幣499元/港幣166元
2019年9月初版 2 刷・Printed In Taiwan
ISBN　978-986-408-350-3

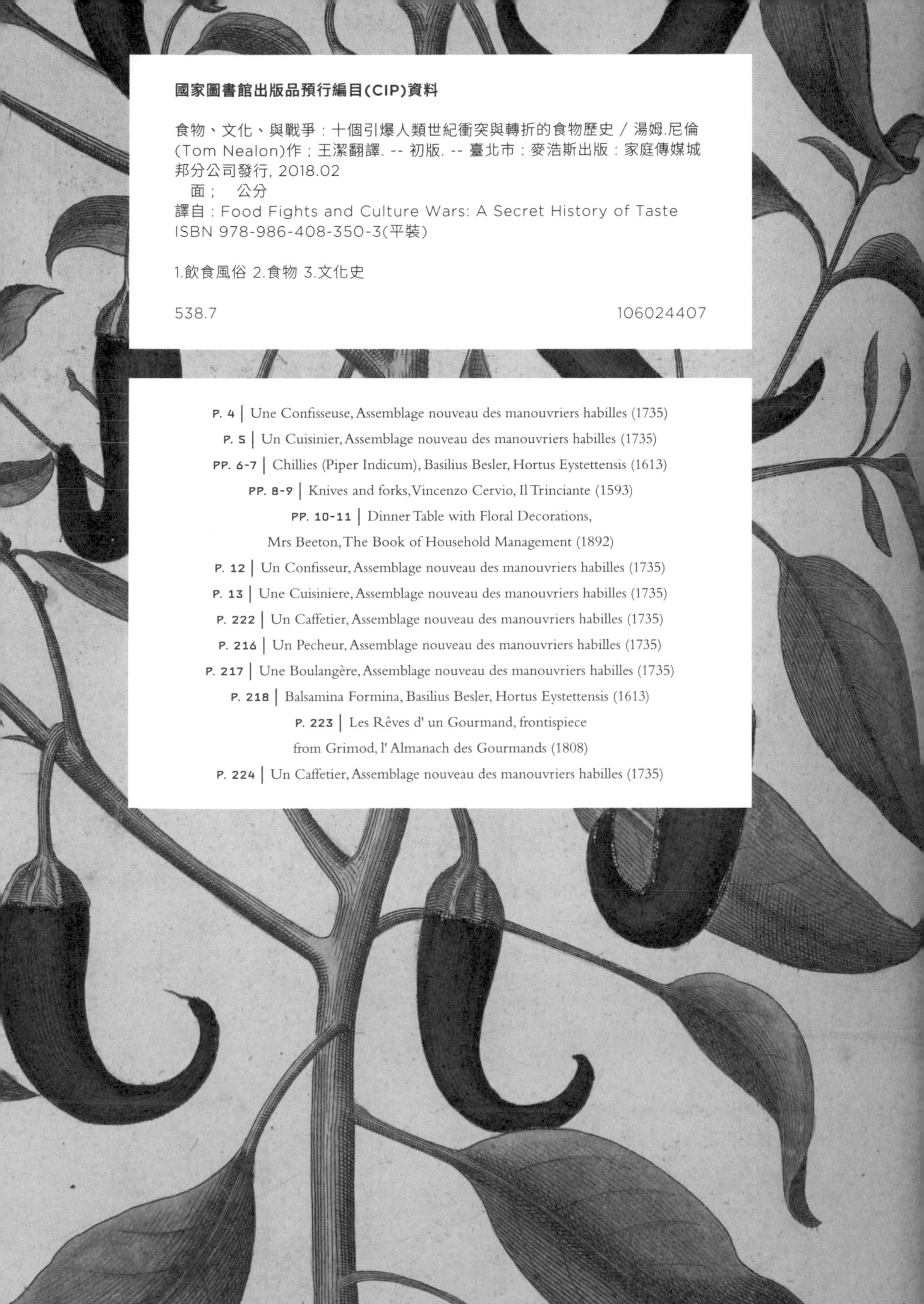

國家圖書館出版品預行編目(CIP)資料

食物、文化、與戰爭：十個引爆人類世紀衝突與轉折的食物歷史 / 湯姆.尼倫(Tom Nealon)作；王潔翻譯. -- 初版. -- 臺北市：麥浩斯出版：家庭傳媒城邦分公司發行, 2018.02
面； 公分
譯自：Food Fights and Culture Wars: A Secret History of Taste
ISBN 978-986-408-350-3(平裝)

1.飲食風俗 2.食物 3.文化史

538.7 106024407

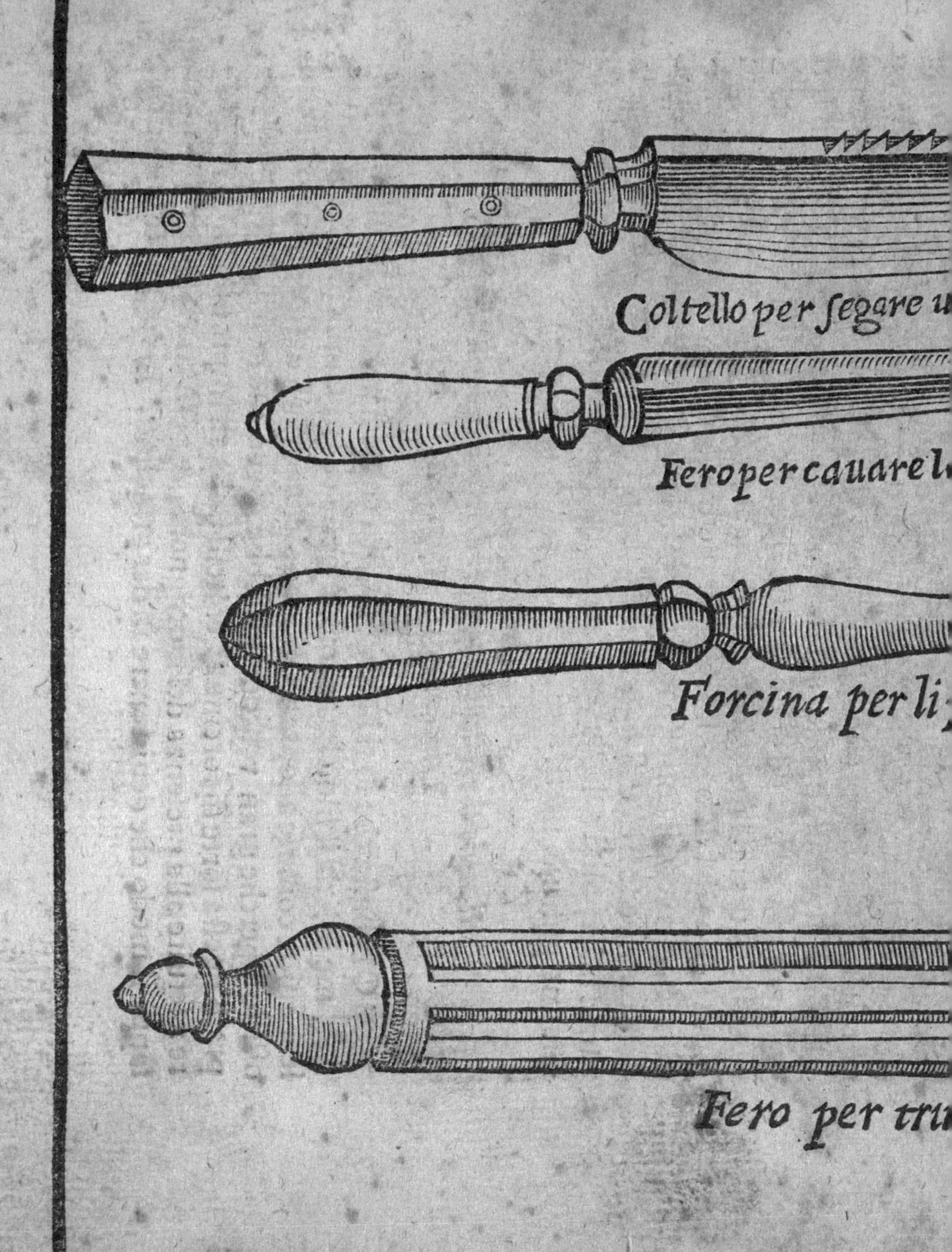
Coltello per segare u
Fero per cauare l
Forcina per li
Fero per tri

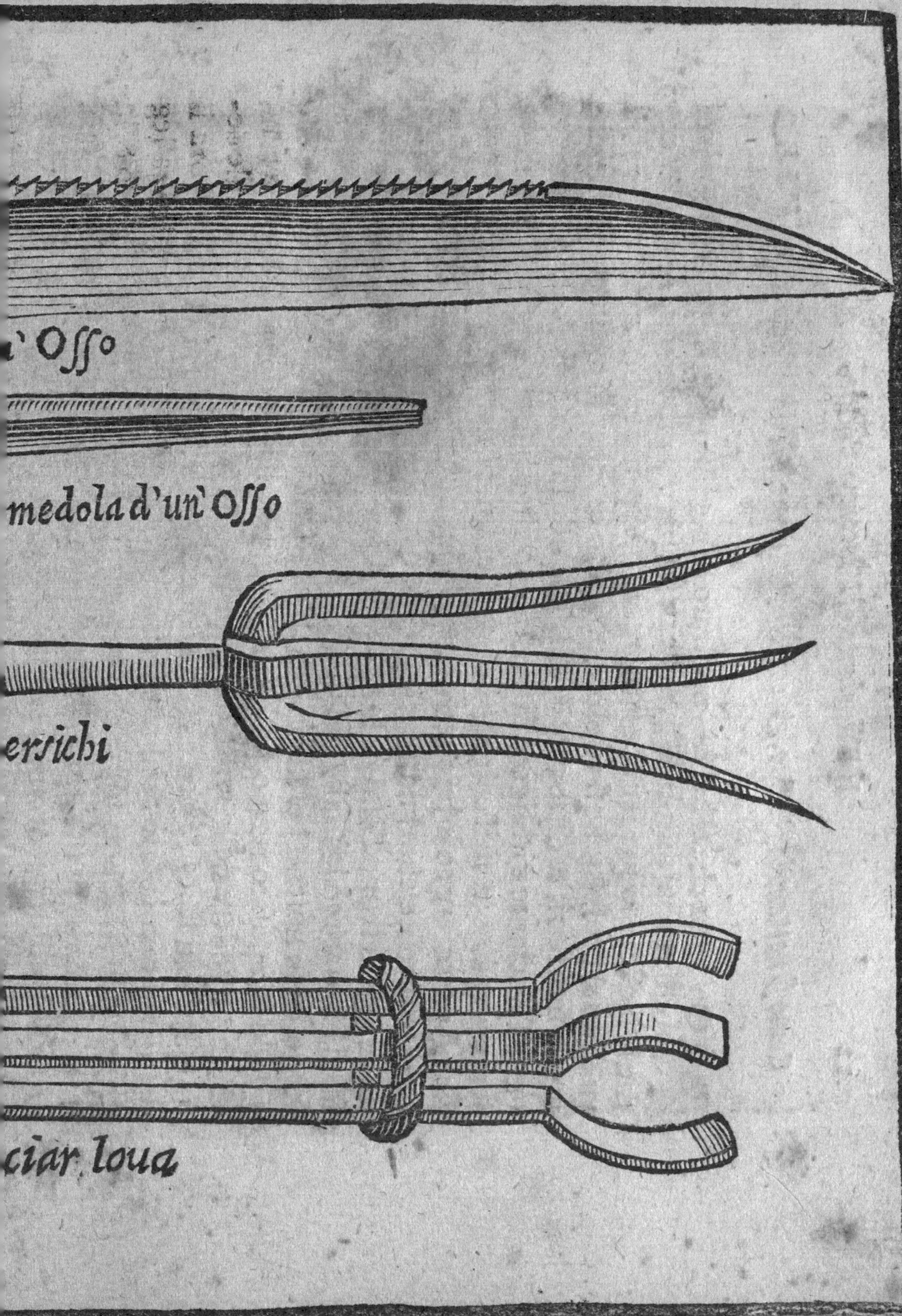

a' Osso

medola d'un' Osso

ersichi

ciar. loua

CONTENTS 目錄

CHAPTER SEVEN 第七章

CHAPTER THREE 第三章

CHAPTER TEN 第十章

CHAPTER ONE 第一章

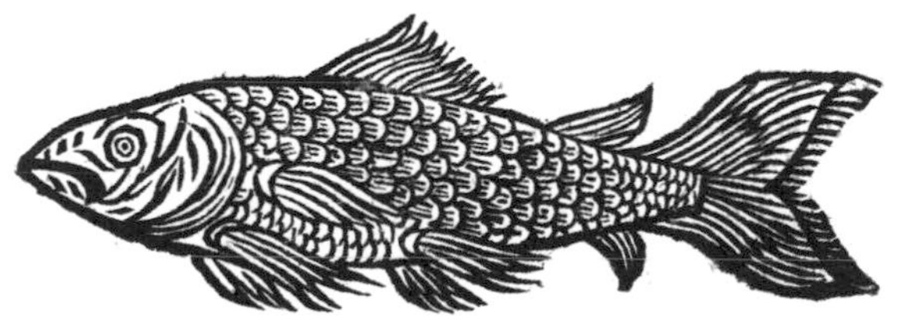

CHAPTER FOUR 第四章

CHAPTER NINE 第九章

CHAPTER TWO 第二章

CHAPTER FIVE

第五章

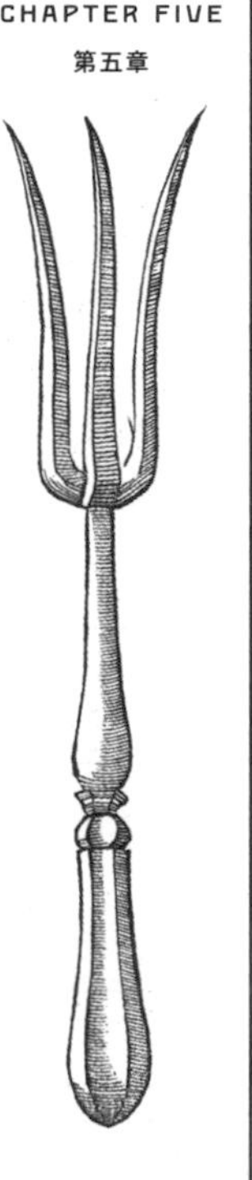

CHAPTER SIX 第六章

CHAPTER EIGHT 第八章

1
6
5
2
4
7
11
8
9

1
2
3
4
5
7
9
13
14
15
16
17
18

INTRODUCTION
序

即使愛吃如我，一開始其實卻是被食物背後的謊言和謀略所吸引。大約十年前，我開始有了這個念頭，想要把傑佛雷・喬叟（Geoffrey Chaucer）在《坎特伯里故事集》(The Canterbury Tales)（約西元1390年）中提到的食物全部試做一遍。我想是因為我對書中那個粗鄙的廚師羅傑（Roger）特別感興趣，他總是把肉派的肉汁倒出，再拿去有利可圖的二手肉汁市場轉售。不過另一個原因則是因為我在經歷一連串餐館工作失敗後，於麻薩諸塞州的波士頓開了一間二手書店，因此我想要將兩者結合。為準備這項計畫，我製作的第一道菜餚是依循十三世紀的雞肉食譜，製作方式是先將雞骨取出、洗淨並煮熟後，再包回雞肉中，油炸定型，好讓雞肉看起來像隻完整的雞。

長久以來，研究西元1300年至1500年左右中世紀末的食物，一直都是我的業餘興趣。這時期的食物對我們來說非常陌生：幾乎每道菜都有斑鳩、羊肉、壺裝蜜酒和豬油。因香料貿易而出現了不少實驗性的怪料理，而且菜色不斷求新求變。我用米澱粉和杏仁奶烹製了一個古怪的奶凍原型，還按照十四世紀的食譜手稿，做了一道名為mortorio的碎豬肉泥菜餚。原本還想找一隻孔雀來剝皮、烘烤、然後再把孔雀皮覆蓋回去，讓整道菜看起來像是盤上有隻靜止不動的活孔雀一般，可惜卻未能如願，因為宰殺孔雀顯然是違法的。我甚至還親自去邁阿密找，那裡的孔雀在住宅區自由奔馳，但最後我還是無法順利掐死孔雀。在烹飪和撰寫過幾十道早期食譜的菜色，並舉行了幾次令人難忘的晚宴之後，我對食物歷史的興趣有增無減。受到網路壓力的影響，販售二手平裝書的生意已不如尋找稀有古書，因此我開始買進所能找到的最好範例，希望能為稀有的早期食譜書發行目錄。

儘管食物與我們的生活息息相

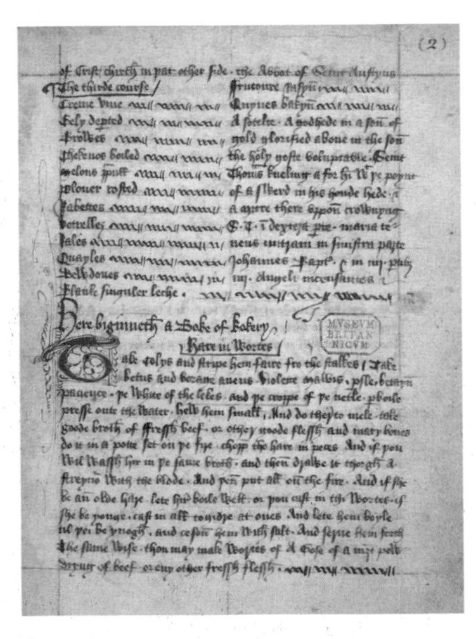

關，相關歷史紀錄卻非常零散。古代世界僅有一本四世紀的食譜流傳下來，另外偶有一些描述宴會的文字（二世紀末時古希臘阿特納奧斯〔Athenaeus〕所著《歡宴的智者》〔The Learned Banqueters〕，以及其他幾個小例子。）十四至十七世紀文藝復興時期，食譜也開始出現歐洲精英的三餐內容，但史料文獻依然欠缺甚多，即使是當時皇室的飲食內容也不例外。歷史的描述往往著重於帝國的興衰，而忽視與食物相關的日常故事，但事實上探險、開發和投機炒作往往都與食物脫不了關係；香料貿易、製糖業和土耳其遷徙計畫等殖民主義事業就是最好的例子。西元1623年在安汶島（Ambon Island）上爆發的一場（非常小型的）戰爭，起因就是丁香的供應，這場戰爭雖然在歷史上有紀錄，卻未提及為何人們對丁香的喜愛竟超越了本身的貨幣價值，甚至還為了它大開殺戒。塞繆爾・皮普斯（Samuel Pepys，1633-1703）和約翰・伊夫林（John Evelyn，1620-1706）等日記作家暨歷史學家，偶爾也會針對自己和同時代其他人所吃的食物，或是新開的餐館發表寶貴的意見。但即使是他們，也未能詳盡地描述所吃的食物和食物對人的意義。食物無處不在，卻又無一保留，因為太普遍反而失傳了。

於是，關於新食物的由來，便出現了誇大的傳說。廚師們自己也不清楚真相，只好捏造來源，而且往往還加油添醋，因此這些發明常被解釋成是出於美麗的錯誤。好比說，美乃滋是在一場宴會中，為模仿鮮奶油而發明的；巧克力不小心掉到肉粥裡才創

對頁圖 |《烹飪之書》（A Boke of Kokery，意即「A Book of Cookery」，共收藏了 182 篇食譜手稿，約西元 1440 年）。收藏於大英圖書館，是現存約五十個中古世紀食譜手稿之一。圖中顯示的第一個食譜是「香草野兔肉」。

上圖 | 盛宴前的準備，出自《勒特雷爾詩篇》（The Luttrell Psalter，西元 1325-40 年）。

造出墨西哥的墨里醬（mole）[01]；新鮮乳酪被棄置於洞穴內，竟成了洛可福乳酪（Roquefort）[02]；牧羊人觀察山羊吃了咖啡豆後變得活潑好動，才發現其中的功效；還有千層派（Napoleon pastry）則是為了超越威靈頓牛排（Beef Wellington）[03]而發明的（其實最後這項也有可能是源自於伍迪・艾倫〔Woody Allen〕1975年的電影《愛與死》〔Love and Death〕[04]）。這是因為食物，特別是烹調食物的過程，從未有過一致的紀錄，而是被放諸歷史外的虛構世界之中。

我想最明智的方法就是追本溯源。但我在烹飪書中找到的內容比預期還要更不合邏輯、更缺乏條理。自二十世紀以來，我們已習慣仰賴食譜提供精準的計量和時間，也相信書中的料

左圖 | 丁香樹，「薩卡利亞斯・瓦格納，〈簡述薩卡利亞斯・瓦格納三十五年間的旅行〉（A short account of the Voyages of Z.W. perform' d in thirty-five years）」收藏於邱吉爾的《航行與旅行簡史第二冊》（A Collection of Voyages and Travels, Vol.2，1732 年）。| **上圖** | 辣椒，《艾希斯特的花園》（Hortus Eystettensis，1613 年），備受尊敬的紐倫堡藥劑師暨植物學家巴斯里亞斯・貝斯勒（Basilus Besler），費時十六年，將主教花園裡的一草一木繪製成精美的植物圖鑑《艾希斯特的花園》，被譽為有史以來最精美的植物圖鑑。| **對頁圖** | 馬克斯・倫波特（Marx Rumpolt），《新烹飪食譜》（Ein new Kochbuch，1604 年）。

01. Mole 是以辣椒為底，添加各種香料、堅果調製而成的混醬，為墨西哥特色料理。
02. 羊奶藍霉乾酪的一種，在法國南部羅克福爾村的岩洞中發酵熟成而製成。
03. Beef Wellington 是英國菜，將牛排塗上鵝肝醬後，再覆上酥皮烘烤而成。
04. 這個典故是出自於伍迪・艾倫 1975 年執導的喜劇片《愛與死》當中的一句話：「We must develop the Napoleon before he develops Beef Wellington」，因聯軍統帥威靈頓公爵在滑鐵盧戰役擊敗了拿破崙。

理不應只是試做版本，而是經作者改良確認後的成果。然而這樣的期望，卻不適用於早期前四百年出版的烹飪作品。

最早印刷的烹飪書在西元1475年出版，只比1454年左右出版的《古騰堡聖經》（Gutenberg Bible）[05]晚一點而已，內容不出我們所料。巴托洛梅歐・薩奇（Bartolomeo Sacchi，1421-81年）的《論正當娛樂和健康》（De honesta voluptate et valetudine〔On right pleasure and good health〕）[06]，內容幾乎全是未經試作的食譜，且大量借鑑科莫的馬提諾大師的《烹調藝術》（Liber de arte coquinaria〔Book of the art of cooking〕）。馬提諾大師是十五世紀時，西方世界最著名的廚師。但薩奇，又稱普拉提納（Il Platina），其實連廚師都不是：他只不過是在梵蒂岡出版界有人脈（他也撰寫教廷歷史）的巡遊人文學者。普拉提納在馬提諾的食譜中，另外添註自古典來源取得的飲食和藥物相關建議，然後編撰成一本食物全書。十五世紀除了這本書之外，另一本由阿比修斯（Apicius）於四世紀所著的羅馬食譜手稿《廚藝》（De re coquinaria）[07]也在1498年出版。不過到了十六世紀，卻開始出現結合飲食、藥膳、和神祕書籍的奇怪組合。

長久以來，神祕書籍都是以手稿

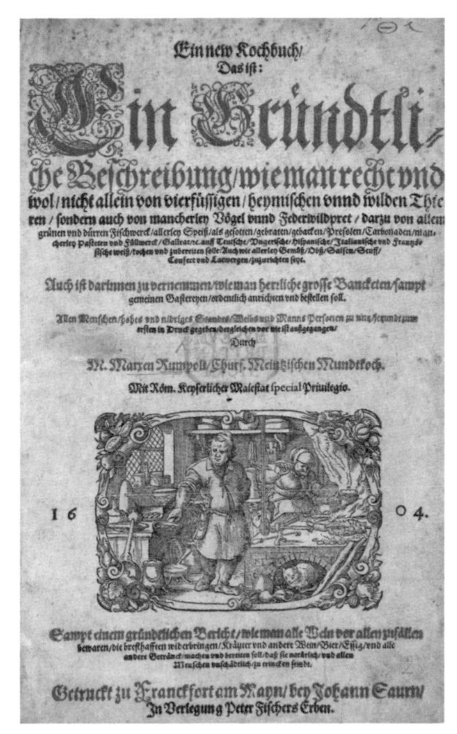
Ein new Kochbuch/
Das ist:
Ein Gründtliche Beschreibung/wie man recht vnd wol/nicht allein von vierfüssigen/heymischen vnnd wilden Thieren/sondern auch von mancherley Vögel vnnd Federwildpret/darzu von allem grünen vnd dürren Fischwerck/allerley Speiß/als gesotten/gebraten/gebacken/Presolen/Carbonaden/mancherley Pasteten vnd Füllwerck/Gallrat/rc. auff Teutsche/Vngerische/Hispanische/Italianische vnd Frantzösische weiß/kochen vnd zubereiten solle: Auch wie allerley Gemüß/Obß/Salsen/Senff/Confect vnd Latwergen/zuzurichten seye.

Auch ist darinnen zu vernemmen/wie man herrliche grosse Bancketen/sampt gemeinen Gastereyen/ordentlich anrichten vnd bestellen soll.

Durch

M. Marxen Rumpolt/Churf. Meintzischen Mundtkoch.

Mit Röm. Keyserlicher Maiestat special Priuilegio.

16 04.

Getruckt zu Franckfort am Mayn/bey Johann Saurn/
In Verlegung Peter Fischers Erben.

的方式記錄，因為在文字書寫初期，人們試著將一些技巧和配方記錄下來，例如繪畫顏料、清理磁磚、或調配香水等日常生活瑣事，甚至也包括製作春藥、瘟疫解藥和醃製香腸等。這些書籍的概念是希望藉由四處旅行、觀察並記錄各地現象，能夠讓大家更瞭解世界，這對十八世紀歐洲

05. 西方第一本以活字印刷的書，以其製作者約翰・古騰堡（Johann Gutenberg）命名。在此之前，書本皆以人力手抄或雕版印刷方式列印，較為費時。

06. 巴托洛梅歐・薩奇又稱為普拉提納（Il Platina），是梵蒂岡的圖書館館長，所著的《論正當娛樂和健康》是第一本印刷食譜，內容大多是出自馬提諾手寫的《烹調藝術全書》（Liber de arte coquinaria）。

07. 《廚藝》是歐洲最早的食譜，但其實並非阿必修斯所著，而是因其羅馬美食家的盛名而冠其名而已。

上圖 & 對頁圖 | 巴托洛梅歐 · 斯卡皮（Bartolomeo Scappi）的《巴托洛梅歐 · 斯卡皮作品集》（Opera di M. Bartolomeo Scappi，1570 年）圖版，描繪忙碌的中世紀廚房風貌。

啟蒙運動（Enlightenment）的科學有舉足輕重的影響。最受歡迎的神祕書籍當中，一本是吉羅拉莫・羅斯里（Giralamo Ruscelli）的《阿列修・皮蒙特大師的祕技》（The Secrets of the Reverend Maister Alexis of Piemont），1555年於義大利初版，且在兩百多年間大量重印（1557年以法文出版，1558年以英文出版），另一本則是法國藥師及預言家米歇爾・德・諾特雷達姆（Michel de Nostredame，1503-66年）[08]，又稱諾斯特拉達姆士（Nostradamus）所著的神祕書籍，同樣也是1555年，在里昂（Lyon）出版。在成為著名預言家之前，諾斯特拉達姆士便開始為他的神祕書籍蒐集食譜，內容包括一整個章節的果醬和果凍，甚至還有一款既複雜又奇特的果醬，據說美味的程度足以讓女人愛上你。神祕書籍廣受歡迎，以致於過了好一陣子烹飪才不再帶有神祕主義的影子，因此很難判斷在十六世紀的歐洲，究竟食物和醫藥哪個議題比較迫切。

十六世紀時歐洲自美洲引進了不少新食材，照理說應該會出現不少相關文字食譜。馬鈴薯、番茄、辣椒、南瓜、火雞、玉米、還有新大陸的豆類（除了黃豆、蠶豆、和雞兒豆或鷹嘴豆之外，幾乎所有的豆類都包括

08. 法國籍猶太裔的預言家，所著的《百詩集》（Les Propheties）於 1555 年初版，至今仍非常暢銷。

Cucina fatta a Campana

fogone alto

在內），在十六世紀時流傳到歐洲，但令人訝異的是，當時出版的食譜書中，卻幾乎沒有這些新食材的痕跡。究竟發生了什麼事呢？有些新食物就是無法在短時間內被大眾接受：豆子看起來有點神祕、蕃茄和馬鈴薯因屬茄科植物，有可能和蔓陀蘿和顛茄等歐洲著名的茄科植物一樣具有毒性，因此也遭排斥。關於這點，歐洲農民其實並非完全錯誤：確實所有的茄科植物都帶有高含量的生物鹼（不過畢竟還是食用植物，所以雖然含量高也還是在安全範圍內）。最著名的生物鹼就是菸鹼，在菸草中含量較高，而在蕃茄、馬鈴薯、茄子[09]（源自於亞洲，但北歐人比較晚才開始食用）等一些茄科植物中則含量較低。在美國非常普遍的玉米，越過大西洋就沒那

麼盛行了，因為歐洲人原本就以小麥、燕麥、米飯和大麥為主食。同屬茄科的辣椒，對歐洲人而言口味有點太強勁（不過辣椒經由葡萄牙探險家引進亞洲後，卻很快被接受了）。火雞倒是相當受歡迎，但其他家禽選擇本來就不少。不過，偉大的早期現代食譜書之一，鼎鼎大名的義大利文藝復興時期廚師巴托洛梅歐・斯卡皮（Bartolomeo Scappi，約1500-1577年）[10] 所著的《巴托洛梅歐・斯卡皮作品集》（Opera）還是有收錄美味的南瓜和乳酪派食譜。

對頁圖 | 克里斯托佛羅・梅西斯布格（Christoforo di Messisbugo）所著的《盛宴：美食與排場的結合》（Banchetti compositioni di vivande, et apparecchio generale，1549 年）中所描繪的廚房。| **上圖** | 上述廚房所準備的宴會，出自同一冊。

09. 茄子在英國稱為 aubergine，在美國則稱作 eggplant。

現在的食物選擇多樣，以致於我們都忘了在過去，吃東西其實是件嚴肅的事，因為必須從錯誤中學習。在歐洲栽種的植物是歷經數千年馴化的成果，而吃錯食物的代價往往非病即死。儘管如此，除了斯卡皮和馬爾克斯・朗波特（Marx Rumpolt）於1581年所著、介紹偉大的德國烹飪技巧的《新烹飪食譜》（Ein new Kochbuch〔A new cookbook〕）之外，其它在十六世紀出版的食譜書，多半都是抄襲古文獻的食譜和飲食書，並混雜成奇怪的綜合體，完全沒有提及任何新進食材。但這並不表示這些書沒有影響力。經盜版後於1516年在威尼斯出版（並且直到十七世紀都還有繼續再版）的馬提諾食譜其原文（非普拉提納的改寫之作），於1958年被譯成英文，名為《義大利盛宴》。其中收錄了一則食譜，記錄如何烘培出更厚實的派皮，可以從底部的洞塞進兩打活生生的黑鸝（但並無警語註明鼻子有可能會被啄咬）。數世紀以來，食譜書被譯成各種語言，影響力也跨越國界，但在各地所代表的意義未必相同。在十七世紀中至十九世紀初居主宰地位的法國料理，對義大利而言有何意義呢？法國廚師暨甜點師吉爾・古菲（Jules Gouffé）廣受歡迎的《廚藝之書》（Livre de Cuisine〔The book of cuisine〕，1868年）被譯成歐洲各國語言，但在各地的意義卻有出入。在荷蘭它是一本異國料理書；在義大利它是高級法式新料理名廚馬利・安托萬・卡漢姆（Marie- Antoine Carême，1784-1833年）[11] 的闡釋；而在墨西哥，甚至額外增編了墨西哥料理的章節，並且成為中上階級的烹飪聖經。西方食譜很少提及新食材，因此也未能反映出新食材的接受度和流行度，但實際狀況究竟如何呢？

我細讀這些書，追查各種食材的歷史，從開始出現到普及大眾，從漸漸忽視到完全消失，我發現經過仔細閱讀審視後，這些書其實既古怪又

上圖｜漢娜・葛雷斯（Hannah Glasse）的《簡易烹飪藝術》（約 1775 年）卷首插畫。標題說明寫道：
「經常參考這本書的聰慧美女，
便能由此習得審慎的烹飪技巧，
滿桌上等菜色更添光彩，
覓得健康以及勤儉美德。」

繁雜，呈現的細節顯示出食材的多變和奢侈。有些食材像野火一樣廣為流傳：中世紀時，杏仁和糖自中東進口後，突然就出現在每一則（上流社會）食譜當中，而番紅花流傳的速度之快，甚至有皇家法令規定食物必須是黃色的。有些食物則是等待許久才熬出頭（現今大受歡迎的蕃茄一直到1680年代才出現，而且直到十八世紀才成為常用食材）。還有太多與食物相關的事件未被記錄下來，未能留下鴻泥雪爪：因為證據都被吞進肚裡，吃完就忘了。

儘管食譜書的作者多為男性，但料理還是由女性實際掌廚居多。因為愚蠢的無知和對婦女的輕視，數世紀的烹飪技巧都未能流傳下來：有多少偉大的廚師和料理就這樣在歷史上被埋沒，有多少卓越的進展、聰明的技巧和食材的搭配遺失了？英國有些食譜書是由女性編撰，後來美國也有女性食譜作家，可惜早期的讀者偏向家境富裕的女性。要不然即使是如此微小的不同聲音，也可能有助於英國和美國抵抗法國料理的強勢影響。弗朗索瓦・皮耶爾・德・拉瓦倫（François Pierre de la Varenne，1615-78年）於1651年所著的《法國大廚弗朗索瓦》（Le Cuisinier François〔The French Cook〕），從此改變了烹飪，為所有的高級料理奠定了基礎。雖非天才之作，卻是一本相當優秀的食譜書。這是第一本整合所有文藝復興時期的歐洲料理，同時展望啟蒙運動的作品。法國料理超越歐式高階飲食，取而代之成為上流階級料理的代表。十八世紀食譜書相繼而出，第一本義大利當地食譜、產量大增的優秀英國烹飪作品（多半是女性的作品）以及第一本美國食譜書。在英國，漢娜・葛雷斯（Hannah Glasse，1708-70年）的《簡易烹飪藝術》（The Art of Cookery Made Plain and Easy，1747年）以及伊莉莎白・瑞福德（Elizabeth Raffald，1733-81年）的《資深英國管家》（The Experienced English Housekeeper，1769年）有著特別重要的地位，為英式料理謀得一席之地，也為伊莎貝拉・比頓夫人（Mrs Isabella Beeton，1836-65年）的暢銷書《家務管理書》（Book of Household Management，1861年）奠定了基礎。這本書收錄當時的食譜，並教導維多利亞時代的中產階級家庭如何持家有方。

這些食譜書詮釋方式不盡相同，但由於內容因階級、性別、種族和地理環境而異，因此漏洞百出。對於菜餚和食材的來源往往隻字

10. 斯卡皮是十六世紀教皇庇護（Pius）五世的御廚，也是文藝復興時期的名廚，所著的《巴托洛梅歐・斯卡皮作品集》（Opera di M. Bartolomeo Scappi），常被簡稱為《Opera》，義大利文「著作」之意。

11. 高級法式料理之父，亦是著名甜點師傅。他所撰寫的《法式烹飪藝術》（L' Art de la cuisine français）詳細記載了傳統法式料理，現今廚師戴的白色高帽就是他所創。

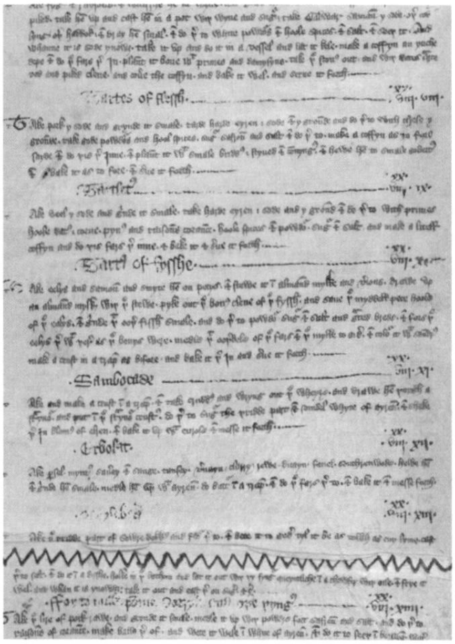

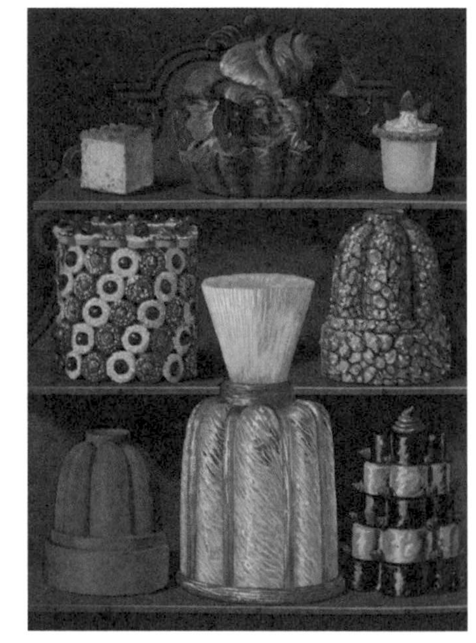

未提，就算有提及也是捏造的成分居多。著名的法國作家大仲馬（Alexandre Dumas，1802-70年）肯定有察覺到這點，因為他所著的《大仲馬經典美食大辭典》（Grand Dictionnaire de Cuisine〔Grand kitchen dictionary〕，1873年）中，就試圖為雜亂無章的法國料理歷史理出頭緒。這本多達1155頁厚的大書，內容包括食譜、老故事和大仲馬自己新寫的軼事。內容雖然有趣卻令人費解，甚至會為了符合詩意而犧牲準確性。大仲馬對於松露的紀錄不但缺乏事實根據，還暗示是與神明有直接關聯，甚至傳達錯誤訊息說火雞（turkey）是十五世紀法國商人雅克・柯爾（Jacques Coeur）從土耳其（Turkey）帶回來的[12]。大仲馬顯然看出食物史上有不少空缺沒有交代清楚，因此試圖填滿空缺、還原歷史，只不過他採用的方法卻是轉述荒誕的故事而不是講述真實的歷史，雖然這些荒誕故事也真是妙趣橫生、引人入勝。

沒多久，這些空缺和違背直覺的事實，讓我不得不開始研究其他珍稀歷史書籍，例如老普林尼（Pliny）[13]的《博物誌》（Natural History，第一世紀），收錄了包括獨角獸、亞特

左上圖｜《烹飪之法》（1377-99 年）。｜**右上圖**｜吉爾・古菲（Jules Gouffe）所著《皇家糕點及糖果全書》（The Royal Book of Pastry and Confectionary，1874 年）的卷首插畫。

12. 火雞的英文為「turkey」，與土耳其（Turkey）拼法相同，故有此誤會。
13. 老普林尼為古羅馬作家及博物學家，著有《博物誌》，外甥為小普林尼。

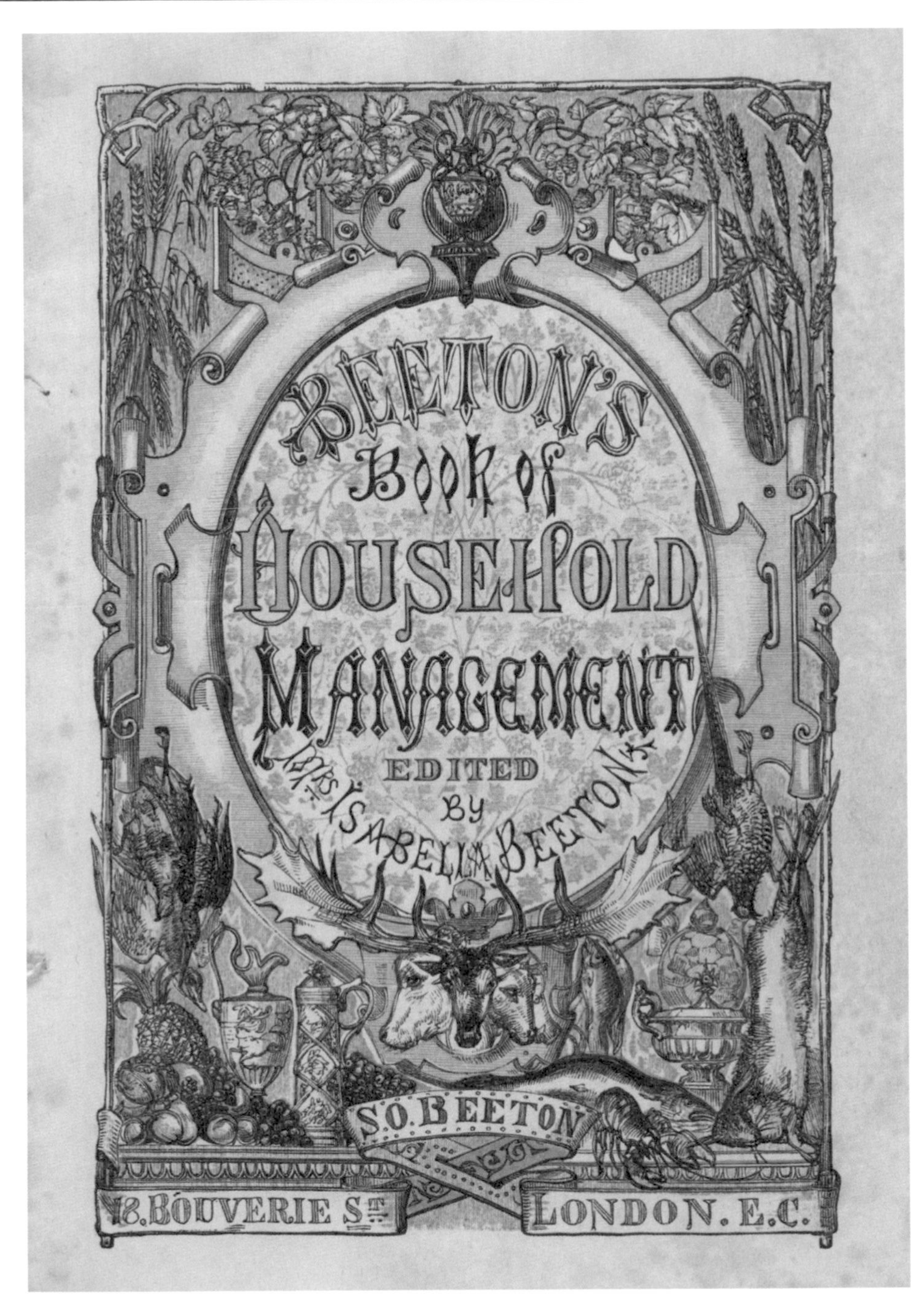

上圖 | 伊莎貝拉 · 比頓夫人的《比頓夫人的家務管理書》（1859-61 年）。

比頓夫人在不到三十歲的年紀，她的英文食譜書已於英國佔有一席之地。

蘭提斯、和美乃滋等相關古代知識，以及貝爾納爾・迪亞斯・德爾・卡斯蒂略（Bernal Díaz del Castillo，1492-1585年）所著的《征服新西班牙信史》（Historia verdadera de la conquista de la Nueva España〔The true history of the conquest of new spain〕），書中有一則食譜提到蕃茄的使用，比蕃茄首次出現在食譜書中的時間還早了一個世紀。但美乃滋應該是1756年梅諾卡島海戰（Battle of Minorca）時，法國勝利後才意外發現的，老普林尼怎麼會提到美乃滋呢？（見解答1）難道法國是為了奪取西班牙的美乃滋食譜才發動七年戰爭的嗎？（見解答2）既然火雞是源自於美洲，為什麼又稱作turkey呢？（見解答3）為什麼與巧克力辣醬（mole poblano）[14] 這道墨西哥代表名菜（假使墨西哥有代表性料理的話）起源相關的故事，都是發生在西班牙人抵達墨西哥之後呢？（見解答4）這些都是我打算著手尋找答案的問題，而得到的答案往往是，食物史多半都是捏造出來的。

這些都讓我覺得，總該有什麼方法能將敘述食物的歷史拼湊回原貌，讓我們生活中的這些缺少了正確史料記載的食物能順利跟歷史接軌。當我們在讀像是拿破崙這類人物傳記時，讀者和作者之間都會一致認為，只要是發生在這位矮個子偉人周遭的歷史事件，或多或少都與他脫不了關係。既然是在講他的故事，他的重要性又相當深遠，因此我們會假設發生在拿破崙一生當中的事情幾乎都被他所影響。歷史的塑造者和歷史之間會產生交互作用。甚至連托爾斯泰（Tolstoy）的《戰爭與和平》（War and Peace，1869年），即使完全不認同歷史是由偉人塑造出來的，但迴避不提而留下的空缺，反而突顯了拿破崙的存在：就像黑洞一樣，正因為不存在，我們才能推測它的存在。因此大家都有默契，在讀這類傳記時，感覺整個世界就是因主角而轉動。但假使將一個角色自週遭事件抽離出來，或多或少就會改變整個觀點。

我們如何才能將食物從日常生活中昇華，而不只是毫無意義的空想呢？談論君王盛宴，或是被沖上遙遠海岸的麝香味水果，向來比談論真實食物容易多了。廣受全球歷史重現者和中世紀研究者所喜愛的第一本英文食譜書，名為《烹飪之法》（The Forme of Cury〔The method of cooking〕，cury一字是源自於古法文的動詞cuire，即烹飪之意）。由於這是在喬叟時代所寫的，因此當我想要重現喬叟筆下的食物時，這是我第一本參考的書，但和其它早期食譜書一樣，這也是一本皇家食譜集，由理查二世（King Richard II，1367-1400年）的御廚編制而成。其他早期的食譜書也大同小異：十三世紀初法國著名的《戴樂馮美食之書》

（Le Viandier de Taillevent，意思大約是「泰樂馮的肉類專家」）[15] 是由國王的御廚所著；了不起的《巴托洛梅歐・斯卡皮作品集》，其作者斯卡皮也和梵蒂岡關係密切；另一本優秀的早期德國食譜書，則是由神聖羅馬帝國選舉產生的王子，其御廚所編纂，類似的例子不勝枚舉。晚餐，和歷史一樣，都是為富人而生的。我希望能將食物的歷史昇華但避免過於誇大，找回食物在歷史上的位置，這意味著這些理論必須要跨越幾個未知的鴻溝。

二十一世紀的我們被食物環繞：無論是烹飪電視節目的盛行、慢食運動、明星廚師、層出不窮的食譜書、杯子蛋糕、還是對麩質的譴責等等都是最好的例證。我們花在吃飯的時間，還不及在腦中想像食物的時間；沒有在烹飪，而是在想像烹飪。比起關注或沈浸於食物，我們其實是被食物包圍、淹沒了。我們對食物的沈迷，就好比疑病症患者[16] 對健康的關注一樣：既執著又不知足，因為不管看了多少集的烹飪節目，肚子也不會感到飽足。

歷史上的戰爭、新發現和恐懼讓我們轉移了注意力，就像魔術師把硬幣變不見又變出來一樣，使得我們在關鍵時刻，反而遺失了食物的線索。彷彿談論日常生活填飽肚子是多麼不登大雅之堂一樣，這類的記錄往往會被引導至其它方向，唯有在軍隊斷糧時，或是遭遇饑荒時，才願意回到這個話題上。因此我們不禁好奇，當局勢沒那麼緊迫逼人時，當時的人三餐都吃些什麼。以下的章節中，包含許多與食物相關的故事，希望能填補食物史的空缺和錯誤。

解答｜[1] 因為法國人想把發明這個早期西班牙食譜的功勞歸於自己。[2] 說不定呢。[3] 多虧了大仲馬。[4] 殖民主義。

14. Mole poblano 是以香料、辣椒和巧克力熬煮而成的棕色墨西哥醬汁，可淋在肉類上搭配食用。
15. 《戴樂馮美食之書》（Le Viandier de Taillevent）又名為 Le Viandier，相傳由法國王室御廚 Guillaume Tirel，又名 Taillevent（戴樂馮）所著，故名為「Le Viandier de Taillevent」，與《烹飪之法》（The Forme of Cury）同為中世紀著名的食譜合集。
16. 疑病症是指會對身體狀況作出不合理解釋，懷疑自己罹患嚴重疾病的症狀。

PERA
pera
Porta del meso
CONSTAN=
NOPOLIS.
chiramos
portus olim
Vlanga
Portus sed destruct
precepto teucrorum

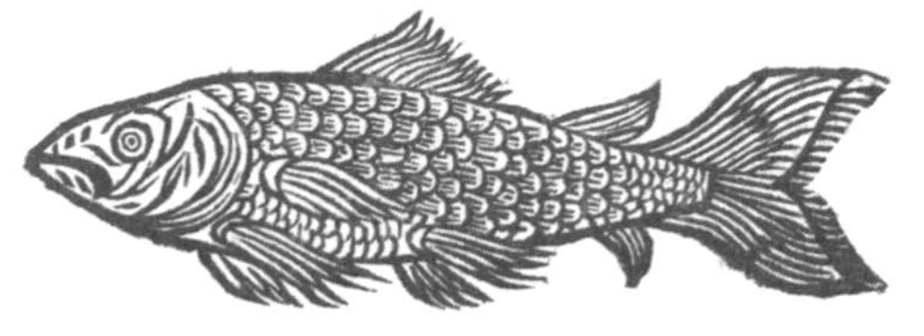

CHAPTER ONE
第一章

十字軍東征的禮物：鯉魚

CARP AND THE PEOPLE'S CRUSADES

隨著羅馬帝國在第五世紀時瓦解，當時大多不識字的歐洲公民，就彷彿睡昏了頭，曾經擅長的藝術、建築、室內管道工程、甚至農作都忘記了。羅馬中央政府和貿易網絡撤退後，戰爭和不斷復發的瘟疫造成傷害，都市人口既分散又稀少。羅馬帝國統治時期的知識和技術逐漸凋零，使得歐洲的狀況甚至比被羅馬帝國佔領前還要更糟。

羅馬人引進歐洲的發展技術也包括魚類養殖，亦即在池塘和水道中養殖魚類以供應食物。各式各樣的養殖魚類，尤其是梭子魚和鯛魚，提供一般歐洲人特別需要的蛋白質，也讓飲食種類更多樣化。魚類養殖日益普及，對整個羅馬帝國的居民造成廣大且持續的影響：漁獲取得容易，食品品質優良、還能提供地方貴族稅收。在羅馬帝國滅亡後，養殖漁業逐漸在西方世界消失，但這項技術、建築以及室內管道工程卻在東方繼續發揚光大。

在羅馬滅亡六個世紀後，西元1095年時，教宗烏爾班二世（Pope Urban II）於法國召開的克里蒙會議當中，號召全球的基督教國家拾起武器群起抵抗，從回教徒手中奪回耶路撒冷。雖說不久前他才剛收到拜占庭皇帝阿歷克塞一世（Byzantine Emperor Alexius）來信請求協助對抗土耳其入侵，但其實十字軍東征的想法已流傳多年了。儘管如此，要說

章節序幕｜君士坦丁堡，克里斯托福羅・布隆戴蒙提（Christoforo Buondelmonti），《愛琴海諸島之書》（Liber insularum archipelagi，1482年）。
左圖｜聖安東尼（St Anthony）及一位聖安東尼之火（St Anthony' s fire）的受害者，出自於漢斯・馮・格斯多夫（Hans von Gersdorf）的《戰場外傷治療法》（Feldbuch der Wundartzney，1551年）。
上圖｜出自塞蒂米別墅（Villa dei Settimii，公元前一世紀）的羅馬時代魚隻馬賽克磚。

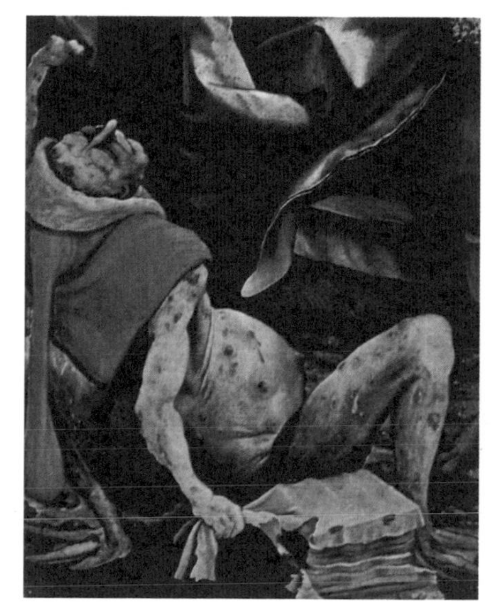

服數千名學歷不高、裝備不足、未經訓練且營養不良的農民，橫越亞洲去征服一個陌生的城市，確實是件相當不容易的事，而且這個城市在羅馬帝國滅亡後，已有五百多年不是基督教城市了。

該年稍早，聖安東尼兄弟會醫院（Hospital Brothers of St Anthony）成立了由教宗烏爾班二世認可的宣教會，專治罹患當時稱為「聖安東尼之火」[01] 的麥角中毒症病患。麥角中毒症在中世紀歐洲蔓延，是因食用被麥角菌（Claviceps purpurea）寄生的穀物所造成的，穀粒的營養成份已被麥角菌取代。麥角中毒的症狀包括痙攣、頭痛、嘔吐、狂躁，另外因含有麥角酸，故也會產生幻覺。隨著病情進展，因麥角菌造成的血管收縮作用，最後會導致壞疽。中世紀時的農夫並不知道感染的原因，所以一年比一年加重。即至今日，麥角菌造成小麥收成減少百分之十的狀況也偶有所聞。常以啤酒、湯和麵包為主食的農民，雖然一直都瀕臨饑荒邊緣，但初期瘋癲和缺乏蛋白質這兩個問題間的關連，一直到十七世紀末才被發現。

根據作者不詳的《法蘭克人的事蹟》（Gesta Francorum，「The deeds of the franks」，約1100年）所述，教宗烏爾班二世的演說喚起歐洲農民飽受「疾病、飢餓、口渴和其他（病痛）」。像是剖開基督徒的肉身，顯露出原本縫在皮膚下的財寶，以及藉催吐來取得基督徒腹中的內容物等暴行，都被教宗歸咎於回教徒。他的用意是為了將在歐洲蔓延、因麥角引起的饑荒和瘋癲都怪到回教徒身上。這其實挺諷刺的，因為當時歐洲大多還處於黑暗時代，甚至還要四百年後才會發明叉子，但回教世界卻正處於歷史上科學、數學、醫學和工程的全盛時期之一。比起造成歐洲人感

上圖 | 出現麥角病症狀的患者。出自馬蒂亞斯 · 格呂內華德（Matthias Grunewald）在〈伊森海姆祭壇屏風〉（Isenheim Altarpiece）上所繪的〈聖安東尼的誘惑〉（The Temptation of St. Anthony，1510-15年）細節。

次頁左圖 | 伊斯蘭動物寓言《動物特徵全書》（Ibn Bakht sh , Kit b na' t al-hayaw n，〔Book on the characteristics of animals〕13 世紀）。

次頁右圖 | 踰越節聖餐儀式的滿桌盛宴，出自《踰越節哈加達》（Ashkenazi Hagadah，約 1460 年）。

01. 麥角中毒會造成幻覺、四肢疼痛、如火焚身等症狀，中世紀時在歐洲釀成大規模疫情，因聖安東尼兄弟會協助治療，故名為聖安東尼之火。

صورة الشبوط

الشبوط معتدل من بين أصناف السمك

مايل الى الحرارة لسرعة حركته وكثرة قفزاته

مرارة الشبوط انفع من ساير المراير وتقوي

لحمه الأبدان وينفع المهزولين. واذا خلطت

مرارته مع مرارة ذيب وامسكتها امراة بصوفة

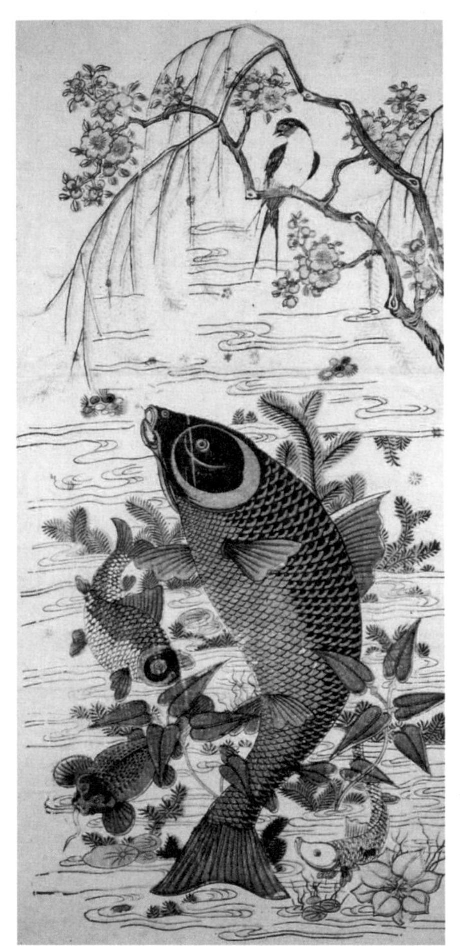

染疾病，回教徒還比較有可能會發現麥角病的治療方法呢。

伊斯蘭世界的實用科學和醫學，以及（稍微）更平等的理想，讓人民的飲食更優質且多樣化。其中一項革新技術，還很有可能是羅馬人遺留下來的，就是魚類養殖，特別是鯉魚的養殖。鯉魚是一種產量大、成長快、雜食性的動物，原本馴養於中國，在各式各樣的條件下都能存活，例如可以被塞在裝水的壺中數星期，或是只需餵食桌上剩菜等，因此能讓農夫攜帶鯉魚遠行。

除了中歐和東歐的阿什肯納茲猶太人（Ashkenazi Jews）以外，西方世界對鯉魚一無所知。雖然鯉魚以刺多聞名，而且猶太教禁止在安息日挑魚刺，但鯉魚密集的細刺富含膠質，在經熬煮、濃縮、過濾後，會形成美味的魚凍膠狀物。剩下的魚皮還可塞料，製成傳統猶太料理魚丸凍（gefilte fish）[02]，現在多製成肉丸狀或肉圓狀，不含魚皮。因此鯉魚的多刺反而成了特色，而非缺點。相對於鯉魚在東方世界廣為流傳，也形成東西方的蛋白質攝取量差距甚大。

第一波十字軍一般稱作人民十字軍，但其實稱作「飢餓十字軍，恐怖暴民（Crusade of the Starving, Horrifying Mob）」還更貼切些。共有50,000多個農民，多數裝備簡陋。他們由一位來自法國北部亞眠（Amiens）的修士彼得（Peter）所帶領，他不愛穿鞋，只靠吃魚喝酒維生。據說數年前，他前一次造訪君士坦丁堡時，另一位同樣喜愛吃魚的拿撒勒的耶 （Jesus of Nazareth），在耶路撒冷的聖墓（Holy Sepulchre）向彼得顯現，鼓勵他對十字軍講道——或許還想把養殖鯉魚的祕密從聖地帶回來，當作是嗎哪（manna）[03] 的一種。

受到修士彼得精彩佈道的激勵，

同時也被他親見耶穌顯靈的事跡所啟發，人民十字軍平和地遊蕩橫越歐洲，經由匈牙利，最後抵達光鮮的君士坦丁堡城。才怪呢，他們一路搶劫、掠奪、謀殺、破壞，恣行無忌地展現暴力、貪婪、及反猶太主義的一面：迫害那些不好戰、手無寸鐵的猶太人，把他們當作新仇恨對象土耳其人的代罪羔羊。如果說十字軍的目的只是填飽肚子的話，那麼他們應該就此打住了。受邊緣地位所逼而不得不發展出平行經濟的歐洲猶太人，在數個世紀前就已經將鯉魚養殖的祕密自亞洲引進歐洲。倘若十字軍有發現猶太人在後院水塘裡養了什麼的話，就應該偷幾隻鯉魚回家挖個水塘，吃飽了也便天下太平了。

但相反的，他們繼續胡鬧橫行，最後終於抵達了基督教世界的最東邊。在那裡他們見識到君士坦丁堡的財富和美麗，優雅的教堂和建築展現在眼前。法國神父夏爾特的弗爾切（Fulcher of Chartres），也是編年史作家暨首位耶路撒冷國王的顧問，在隨主要軍隊抵達時，是這樣形容這座城市的：

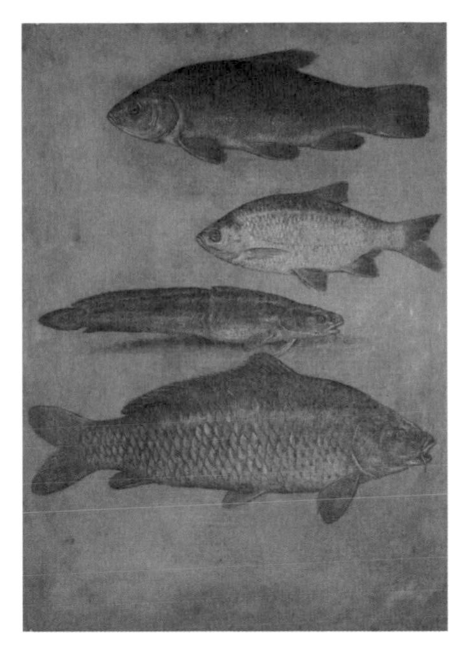

對頁｜鯉魚及燕子，版畫、紙張，印於中國蘇州，清朝（約 1644-1753 年）。

上圖｜丁鯛、擬鯉、江鱈以及鯉魚。出自作者不詳的弗萊明（Flemish）畫冊（1637 年）。

喔，多麼傑出而美麗的城市啊！這裡多少座修道院、多少地方，都是精心建造而成的優秀作品！城鎮各街區都可見到令人嘆為觀止的作品！這裡各式物品應有盡有；金、銀、樣式豐富的斗篷、以及聖物，不勝枚舉。一年四季，商人頻繁出航，帶回的物品可以滿足一切所需。

十字軍戰士們見到君士坦丁堡的財寶後，更是展露毫無節制的貪婪，卯足全力掠奪、毀滅和污衊這個城市。阿歷克塞一世（Emperor Alexius）見到自己寫給教宗烏爾班二世的信，引發如此激動而失控的暴亂，連忙下令船隻將他們載離君士坦丁堡，橫越伊斯坦堡海峽（Bosphorus Strait）。在那裡他們準備紮營，待新增援軍後，再攻擊君士坦丁堡。

02. 傳統猶太安息日的食物，多使用鯉魚、梭魚等魚類切碎而製成的魚丸。
03. 根據聖經，嗎哪是古代以色列人出埃及時，上帝賜給他們的神奇食物。

上圖｜第一次十字軍東征時，馬背上的騎士。左上角的小圖應該是修士彼得在鼓舞部隊士氣。鮑利諾 · 維納多（Paolino Veneto）的《大年表》（Chronologia Magna，約 1323-50 年）。

次頁｜在池塘釣鯉魚，出自文森佐 · 徹爾維歐（Vincenzo Cervio）的《雕工》（Il Trinciante，1593 年）。

見識到土耳其村莊的日常生活後，這群基督徒遇到了其他的基督徒，很驚訝地發現，原來這些人儘管被課重稅，卻從未被虐待。他們從不會因藏在皮膚底下的銀飾被活剝，也不會因藏在肚子裡的金子被催吐，更不會因拒絕膜拜真主阿拉就被痛打一頓然後被火燒。奇怪的是，十字軍戰士們已慣於製造混亂，所以並未因此而動搖，反而不分基督徒和回教徒都掠奪。修士彼得自己雖然只吃魚，卻鼓勵他的小隊將倒下的土耳其人烹煮來吃，當作是「新的嗎哪」。這麼一來，即使是最貧窮、最孱弱的十字軍，就算無法戰鬥，也能參與滅敵。

人民十字軍在1096年的西維托之戰（Battle of Civetot），突然不光彩地劃下了句點，在此前不久，修士彼得才剛為了補給品神祕兮兮地返回君士坦丁堡。蘇丹的間諜散播謠言，說前方有大好機會可以肆意掠奪和贏得勝利，十字軍受到鼓舞，中了土耳其人的埋伏，被大舉殲滅。彼得於是逃回了亞眠，肯定還帶著幾壺酒和鯉魚，野心勃勃地打算在歐洲展開鯉魚養殖事業。接下來的兩百年間，不斷有受到鯉魚激勵的軍人，湧至聖地打仗、學習、破壞，當然還有吃。

鯉魚在歐洲日益普及，魚類養殖也開始興盛。由於天主教教會禁止每週五吃肉，再加上內陸取得海洋魚類較困難，因此創造出每週吃魚的需求。數百年來，營養豐富的鯉魚成為菜單上的主推菜色。事實上，幾乎每個修道院、采邑或村子都有自給自足的鯉魚池。鯉魚還要稍晚才會橫越英吉利海峽，但十七世紀英國開始印製食譜時，也可看到鯉魚已佔一席之地。

鯉魚雖然隨處可見，但只有猶太人把鯉魚當主食，另外中歐人（波蘭人、捷克人和斯拉夫人）也會以鯉魚作為耶誕大餐的主菜盤飾。儘管十七世紀時，鯉魚在英國和荷蘭相當普及，但鯉魚卻沒有隨著歐洲人殖民北美洲，而流傳至維吉尼亞州、麻薩諸塞州或魁北克省。顯然在十九世紀初時，美洲並沒有鯉魚。

鯉魚一直到1831年才被引進北美洲，當時一間跨大西洋航線的老闆亨利・羅賓遜（Henry Robinson）自阿弗赫（Le Havre）出航，並在紐約的紐堡（Newburgh）釋出數十個法國出生的樣本，不過應當不是遵循耶穌基督的指令。阿弗赫恰好就是最接近亞眠的主要港口，若要說這些鯉魚的淵源可以追溯到修士彼得的時代，也並非完全不可能。雖然著名的美國表演者費尼爾司・泰勒・巴納姆（P.T. Barnum）試圖把鯉魚引進美國的功勞歸於自己，但多數學者都認為，是羅賓遜的池塘因為暴風雨滿出來，鯉魚才流進了哈德遜河（Hudson River）。

羅賓遜最初引進的鯉魚名為鏡鯉、無鱗鯉魚和鯉魚。在撰寫此文時，大

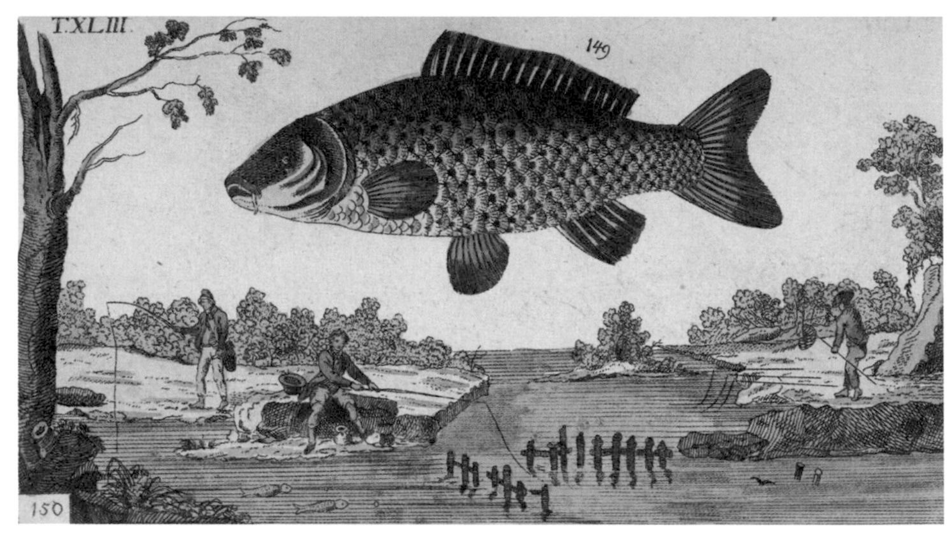

家都擔心鯉魚會佔據美國的公有水域，特別是五大湖。大部分討論都是有關新的「亞洲鯉魚」不受控地四處散播，取代本地魚種，並破壞植被。其中一種稱作白鰱的鯉魚，有個既危險又獨特的傾向，會在被機動船嚇到時，猛地躍出水面。但大家忘了，其實所有鯉魚都是亞洲鯉魚，而這些原本為了控制魚塭藻類增長而引進，但不小心逃脫的現生種，其實也不過是最近才越洋而來的鯉魚魚種罷了。

鯉魚在美國的擴散也受到了阻擾，第一次是因為美墨戰爭（1846-8年），後來則是美國內戰（1861-5年）。國家雖然合而為一了，但農業卻一團亂。南方人特別仰賴玉米作為主要蛋白質來源，因而引發癩皮病，一種營養不足的疾病，症狀包括皮膚炎、腹瀉及失智，和麥角中毒的症狀無異。田地被毀，家人離散。儘管已

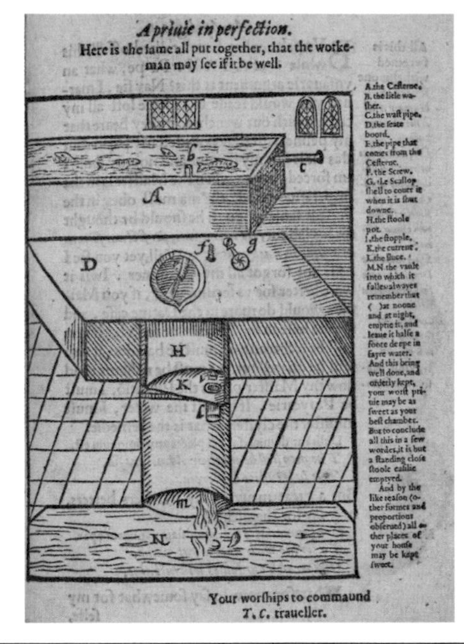

A priuie in perfection.

Here is the same all put together, that the workeman may see if it be well.

A.the Cesterne. B.the litle washer. C.the wast pipe. D.the seate boord. E.the pipe that comes from the Cesterne. F.the Screw. G.the Scallop shell to couer it when it is shut downe. H.the stoole pot. I.the stopple. K.the current. L.the sluce. M.N.the vault into which it falles: alwayes remember that ( ) at noone and at night, emptie it, and leaue it halfe a foote deepe in fayre water. And this being well done, and orderly kept, your worst priuie may be as sweet as your best chamber. But to conclude all this in a few wordes, it is but a standing close stoole easilie emptyed.

And by the like reason (other formes and proportions obserued) all other places of your house may be kept sweet.

Your worships to command
T. C. traueller.

置頂圖 | 河釣鯉魚。戈特利布 ・ 托比亞斯 ・ 威爾海姆（Gottlieb Tobias Wilhelm）的自然史論述（Discourses on Natural History，1812 年）。

上圖 | 約翰 ・ 哈林頓爵士（Sir John Harrington）在《舊論新說：廁所的變革和創新》（A new discourse of a stale subject, called the metamorphosis of Ajax，1596 年）當中，對魚類養殖機器的描繪。

對頁 | 鯉魚派的食譜，出自羅伯特 ・ 梅（Robert May）的《廚藝精修》（The Accomplisht Cook，1671 年）。

To bake a Carp according to theſe Forms to be eaten hot.

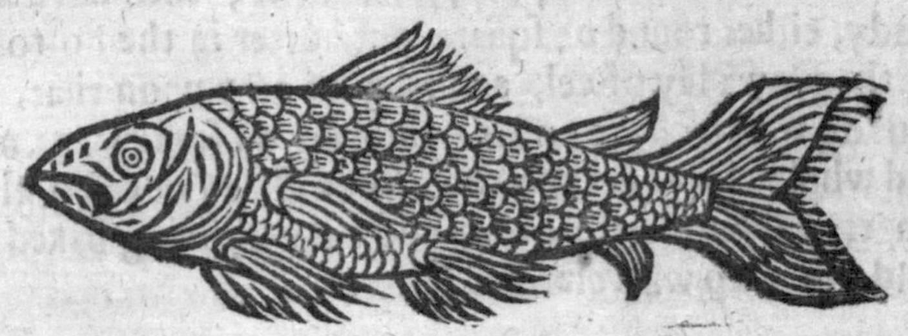

Take a carp, ſcale it, and ſcrape off the ſlime, bone it, and cut it into dice-work, the milt being parboild, cut it into the ſame form, then have ſome great oyſters parboild and cut in the ſame form alſo; put to it ſome grapes, gooſberries, or barberries, the bottoms of artichocks boild the yolks of hard eggs in quarters, boild ſparagus cut an inch long, and ſome piſtaches, ſeaſon all the foreſaid things together with pepper, nutmegs, and ſalt, fill the pyes, cloſe them up, and bake them, being baked, liquor them with butter, white-wine, and ſome blood of the carp, boil them together, or beaten butter with juyce of oranges.

To bake a Carp with Eels to be eaten cold.

Take four large carps, ſcale them and wipe off the ſlime clean, bone them, and cut each ſide into two pieces of every carp, then have four large freſh water eels, fat ones, boned

停戰，南北雙方之間依然互不信任。

在1870年代時，美國政府開始主要自德國（至今許多人仍稱之為「德國鯉魚」）引進鯉魚，並建造大型的國營魚塭，營造了一股對鯉魚的群眾狂熱，使分裂的國家團結起來。1870年代末期，政府開始發行年度鯉魚獎券，並將數萬隻魚配送至全國各地（光是1883年，總共301個區當中，就有298個區獲得26萬多隻鯉魚）。當代漁業報告用「一股熱情」來形容鯉魚文化，彩卷每次都被超額認購。美國人民樂於化解歧見，當時與現在一樣，只要是對免費的事物都有興趣，因此積極爭取愈多魚愈好。鯉魚被放養在池塘、運河、水溝、沼澤、河流（包括密西西比河在內）、湖泊（牠們在伊利湖裡生長得特別好）以及州立養魚場內。政府發行的鯉魚宣傳手冊中，特別強調養殖鯉魚有多麼簡單快樂，還有介紹鯉魚特別旺盛的繁殖力，但關於確切該如何料理鯉魚，卻只用小字印刷帶過。大家認為光是擁有鯉魚就足夠了。園遊會裡的贏金魚遊戲，小朋友們膽怯的把乒乓球丟進金魚缸裡，丟中就可以帶回家，這也都是曾經席捲美國的鯉魚熱潮所遺留下來的痕跡。

儘管養殖計畫成功，鯉魚卻未能在美國的廚房佔有一席之地，十九世紀時在北美的料理書中，鯉魚的食譜寥寥可數。即使專為簡樸飲食而設計的食譜書，已經收錄了鯰魚、鰈魚和鰻魚的食譜，也還是沒有提及雖普遍但處理上較麻煩的鯉魚。雖然常有自英國進口的料理書，內容卻極少提及鯉魚，且多是參考法國或德國的食譜。真正道地的英國鯉魚食譜，在十九世紀初的料理書中還常出現，在二十世紀中期左右也不再收入英國的料理書了。不過比頓夫人卻堅持在《家務管理書》中加入一整個有關鯉魚的篇章。鯉魚廣受猶太和中國移民的喜愛，可惜卻一直未能在美國成為受歡

對頁 & 上圖 | 位於紐約州喀里多尼亞市（Caledonia）的紐約州立孵化室（New York State Hatching House）。出自羅伯特・巴恩威爾・羅斯福（Robert Barnwell Roosevelt）和塞斯・格林（Seth Green）所著的《孵魚和捕魚》（Fish Hatching and Fish Catching，1879年）。
對頁 |《雙鯉》（Two Carp，1831年）。葛飾北齋繪，雕版印刷。

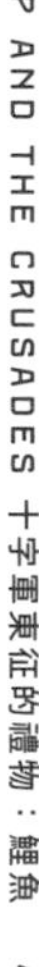

迎的食材。鯉魚是雜食性，且繁殖力旺，生命力強，還常被認為不可食，因此也難怪野生鯉魚散播得如此快速。在1937年時，科學家發現治癒癩皮病其實很簡單，只需維他命B3或菸鹼即可，因而二十世紀初時，漸漸就不時興養鯉魚了。鯉魚不知道自己失寵，依然繼續向前游，只有喜好邊緣運動的漁民才喜歡鯉魚，因為牠們量多，且很難騙上鉤。

美國政府也將大量的鯉魚送至厄瓜多、哥斯大黎加和墨西哥（且在該地繼續大量繁衍），以及加州。然後鯉魚又從加州被送到夏威夷，在當地受到中國和日本移民的歡迎。這些人就是約一百年前將「德國」鯉魚從亞洲帶來的移民。於是鯉魚成功地在千年內環繞地球一週，還能在威魯庫（Wailuku）的景觀灌溉溝渠內，和失散多年的親戚重聚。

La Belle Limonadière.

CHAPTER TWO
第二章

黑死病的救星：檸檬水

LEMONADE

AND THE PLAGUE

淋巴腺鼠疫在沈寂了十年之後，西元1668年於法國再度爆發，並襲捲巴黎居民。疫情出現在諾曼第（Normandy）和皮喀第（Picardy）：先是蘇瓦松（Soissons）、亞眠（Amiens）、然後更可怕的是，連位於塞納河邊、首都下游的盧昂（Rouen）也淪陷了。大家都清楚這代表著什麼。才不過幾年前，西元1665年至1666年間，倫敦因鼠疫已失去了10萬人，相當於總人口的近四分之一。許多人都還記得1630那年，威尼斯的14萬居民中，有近三分之一死於鼠疫，而米蘭的13萬人口也有近半數被鼠疫奪走性命。陷入恐慌的巴黎公共衛生官員實施檢疫和禁運，希望能減輕這場無可避免的災難，但令人畏懼的鼠疫最後竟沒有爆發。

籠罩巴黎的瘟疫是十七世紀歐洲流行病的中間點，後來瘟疫又繼續重創維也納（1679年死亡人數為8萬人）、布拉格（1681年死亡人數為8萬人）和馬爾他（1675年死亡人數為1萬1千人）。亞眠的死亡人數最終將超過3萬，而且法國無一城市倖免。但奇蹟般的，唯獨巴黎幾乎毫髮無傷地倖存下來。通常愈重大城鎮，交通量、活動和人口密度就愈大，疾病傳染的風險和速度也愈高。巴黎既是法國的首都，又是歐洲最多人造訪且人口最多的城市之一，為何經歷了這場重創歐洲大陸的瘟疫，還能幾乎完好無損呢？

檸檬水被稱為世界上第一個軟性飲料。檸檬水自史前時代流傳至埃及，又慢慢傳遍世界各地，為夏天增添了不少樂趣。其中所含的檸檬酸有助於防止飲用水中的細菌滋長，也就是說喝檸檬水的人存活率較高。在二十一世紀初，很流行在熱水中加檸檬片喝，促進消化、「排毒」、且有助於維持弱鹼性的體質。但我認為檸檬在1668年的數個月當中，帶來的好處遠不止於此。那個夏天，檸檬水讓成千上萬的巴黎人免於像倫敦、維也納和米蘭居民一樣，成為歐洲最後一場大瘟疫的受害者。

自1650年代以來，義大利人和來訪的遊客都能在咖啡店或街頭小販買到各式各樣的軟性飲料、含酒精飲料

Londons Loud Cryes to the Lord by Prayer:

Made by a Reverend Divine, and Approved of by many others: Most fit to be Used by every Master of a Family, both in City and Country. With an Account of Several modern Plagues, or Visitations in London, With the Number of those that then Dyed, as well of all Diseases, as of the Plague; Continued down to this present Day August, 8th. 1665.

章節開頭 |《美麗的檸檬水商人》，手繪上色蝕刻畫（1816 年）。

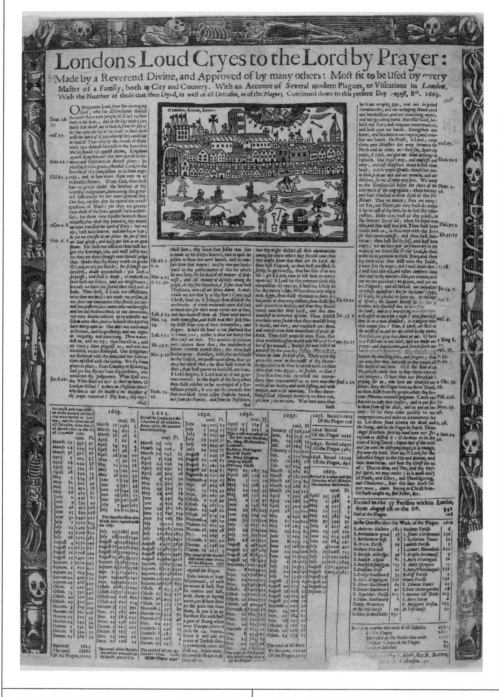

對頁 | 西元 1665 年的鼠疫。由詹姆士 ・ 胡利特（James Hulett，約西元 1740-71 年）蝕刻及雕刻。

上圖 |《倫敦向主呼求禱告：由神聖牧師⋯》（London' s Loud Cryes to the Lord by Prayer: Made by a Reverend Divine...，約 1665 年）。

次頁 | 簡 ・ 札恩柯（Jan Ziarnko）繪製的巴黎地圖（1616 年）。

IHS
VIL
porte st anthoine
fides

A PARIS Chez
Anthoine de Vuauconsain
au pallais en la gallerye d
prisonniers. Anno 161
La Place Dauphine
Cheual de Bronze

297
LIMON
PONZINVS
CHALCEDONIVS
Pp

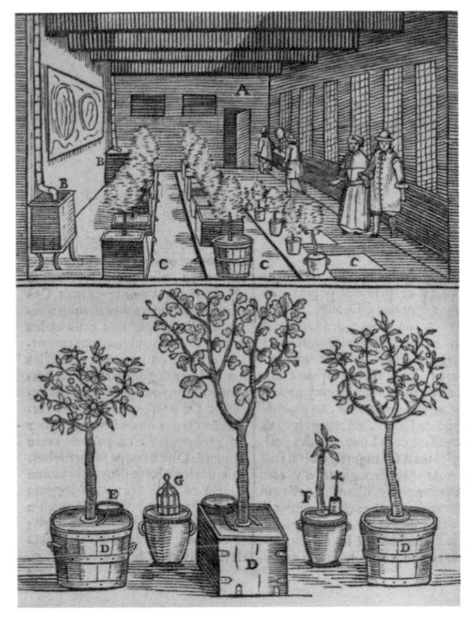

以及綜合飲料。這些飲料包括白蘭地和各種浸漬了肉桂、大茴香、白芷、樹莓、琥珀及麝香、杏李以及黑醋栗的中性烈酒；像路易十四最喜歡的海波克拉斯酒（hypocras）這類的香料酒；非酒精飲料，例如杏仁玫瑰水口味、添加通寧水的杏仁橘花香茶；當然還有檸檬水，和果肉較多的類似飲料aigre de cedre，一種由檸檬汁、檸檬果肉、檸檬皮、糖和水調配而成的飲料。因成本和種植地點的限制，使檸檬水無法推廣，不過自從培養出更耐寒、更多汁的檸檬，而且貿易商路暢通之後，檸檬價錢也下降了，很快就廣受歡迎。檸檬水單純清新的美味，讓羅馬居民人人都想在炎熱的夏天來一杯，小販也開始扛著桶裝檸檬水在市內兜售。

造訪義大利的巴黎人，例如黎胥留樞機主教（Cardinal Richelieu，1585-1642年）和擔任法國國王的首相的馬薩林樞機主教（Cardinal Mazarin，1602-61年），他們在離開義大利時可能會想，法國怎麼沒有檸檬水商人扛著新鮮飲料在城市裡兜售呢？當時在巴黎已有人喝檸檬水：在拉瓦倫所著的創新料理書《法國大廚弗朗索瓦》中就有出現，這本書受歡迎及影響程度之大，甚至在出版後

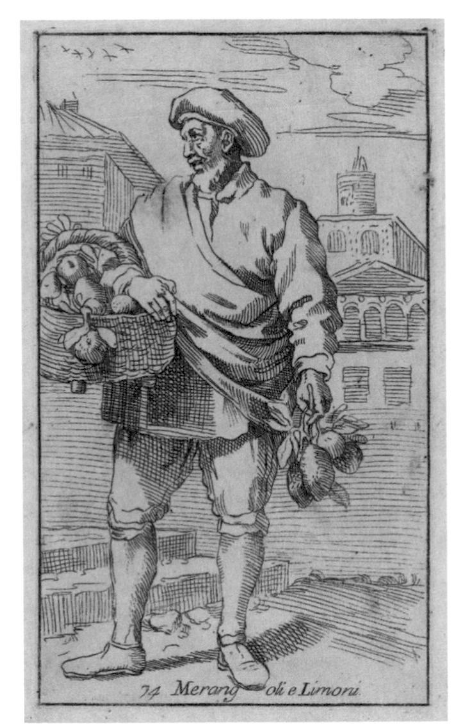

對頁 | Limon ponzinus chalcedonius，出自喬瓦尼・巴蒂斯塔・法拉利（Giovanni Battista Ferrari）的 Hesperides sive de Malorum Aureorum（1646 年），是第一部以水果為主題的主要植物作品。

左上圖 | 強・凡・德果恩（Jan van der Groen）的《荷蘭園丁》（Le jardinier du Pays-Bas，1672 年）中所記錄的柑橘溫室和檸檬樹。

上圖 | 義大利街頭的檸檬小販。臨摹阿尼巴爾・卡拉齊（Annibale Carracci，1646 年）的蝕刻版畫。

London, Printed for Cha: Adams at the Talbott in Fleet-streete over agt S. Dunstans church

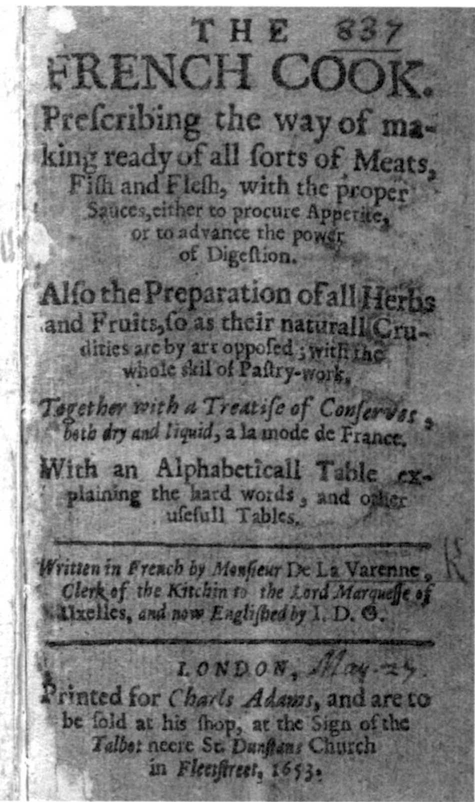

THE 837

FRENCH COOK.

Prescribing the way of making ready of all sorts of Meats, Fish and Flesh, with the proper Sauces, either to procure Appetite, or to advance the power of Digestion.

Also the Preparation of all Herbs and Fruits, so as their naturall Crudities are by art opposed; with the whole skil of Pastry-work.

Together with a Treatise of Conserves, both dry and liquid, a la mode de France.

With an Alphabeticall Table explaining the hard words, and other usefull Tables.

Written in French by Monsieur De La Varenne, *Clerk of the Kitchin to the Lord Marquesse of Uxelles, and now Englished by* I. D. G.

LONDON, May 25

Printed for *Charls Adams*, and are to be sold at his shop, at the Sign of the *Talbot* neere St. *Dunstans* Church in *Fleetstreet*, 1653.

兩年又譯成英文，且持續出版超過一世紀。另外在《完美的果醬師傅》（Le parfait confiturier〔The perfect jam-maker，1667年，一般認為是拉瓦倫之作〕）中，也有同時使用檸檬皮和柳橙皮的食譜紀錄。馬薩林樞機主教在離世前沒多久，將檸檬水商人引進巴黎，他最喜歡有新名目可以課稅了。即便如馬薩林這樣的超級自大狂，也沒有料到檸檬水在幾年後會拯救這麼多條性命。

在歐洲廣為流傳的淋巴腺鼠疫，普遍被認為是由跳蚤叮咬所引起的。現在大多認為是感染鼠疫耶氏桿菌的跳蚤，寄居在碰巧自遠東地區登船而來的沙鼠身上。這些沙鼠抵達歐洲後，身上的跳蚤又再轉而散播至歐洲四處可見的老鼠身上。攜帶鼠疫病菌的跳蚤，藉由鼠類散播至城市各個角落，罹患鼠疫的宿主從老鼠轉換到人類或家畜身上，在人類宿主病發而死後，又轉而回到其他鼠類身上。所以老鼠也可以責怪人類將跳蚤傳回給鼠類，而且據目前所知，也確實是如此。可看出這個傳染方式的關鍵在於都市老鼠和人類生活密切：只要人類製造有機廢物的地方，就有鼠類。儘管淋巴腺鼠疫造成嚴重的破壞，但更令人驚訝的是，這種脆弱的傳染鍊，就能導致傳染病散佈整個都會區。這條鏈上每一個要素：跳蚤、老鼠、人類，都須完美編排、缺一不可，才可能促使鼠疫桿菌引發大流行。這也是為什麼幸好鼠疫幾百年才流行一次，而非經常在歐洲流行，也說明了為什麼1668年鼠疫會在巴黎止步。

義式飲料在巴黎引起的熱潮於1660年代末至1670年代初時最為鼎盛，直到1676年，路易十四與販商達成協議，將檸檬水事業與1394年時被法國君主政體壓榨的法國釀酒業者、芥末磨工和釀醋商結合：組成了「釀醋商、芥末商、醬料師、白蘭地及酒類蒸餾師宮廷侍衛」（Vinaigriers moutardiers sauciers distillateurs en eau-de-vie et esprit-de-vin buffetiers）。雖然取名還需精練些，但這卻是全世界第一個公司行號。他們沒料到這個聯盟有多麼恰當，因為數百年來醋一直是最有效的鼠疫驅除劑。

對頁上圖 | 卷首插畫及扉頁，弗朗索瓦・皮耶爾・德・拉瓦倫，《法國大廚弗朗索瓦》（1653 年）。
對頁下圖 | 《果醬製作，或全新完美的果醬師傳概論》（Traité de Confiture; ou le nouveau et parfait confiturier）的卷首插畫（1667 年）。

上圖 | 著名的十七世紀鼠疫醫生服裝。長形的「鳥喙」內含香草和醋，當時認為能預防瘴氣。水彩，約 1910 年。
次頁 | 羅伯特・虎克（Robert Hooke）的《微物圖誌》（Micrographia，1665 年）中顯微鏡下的跳蚤。

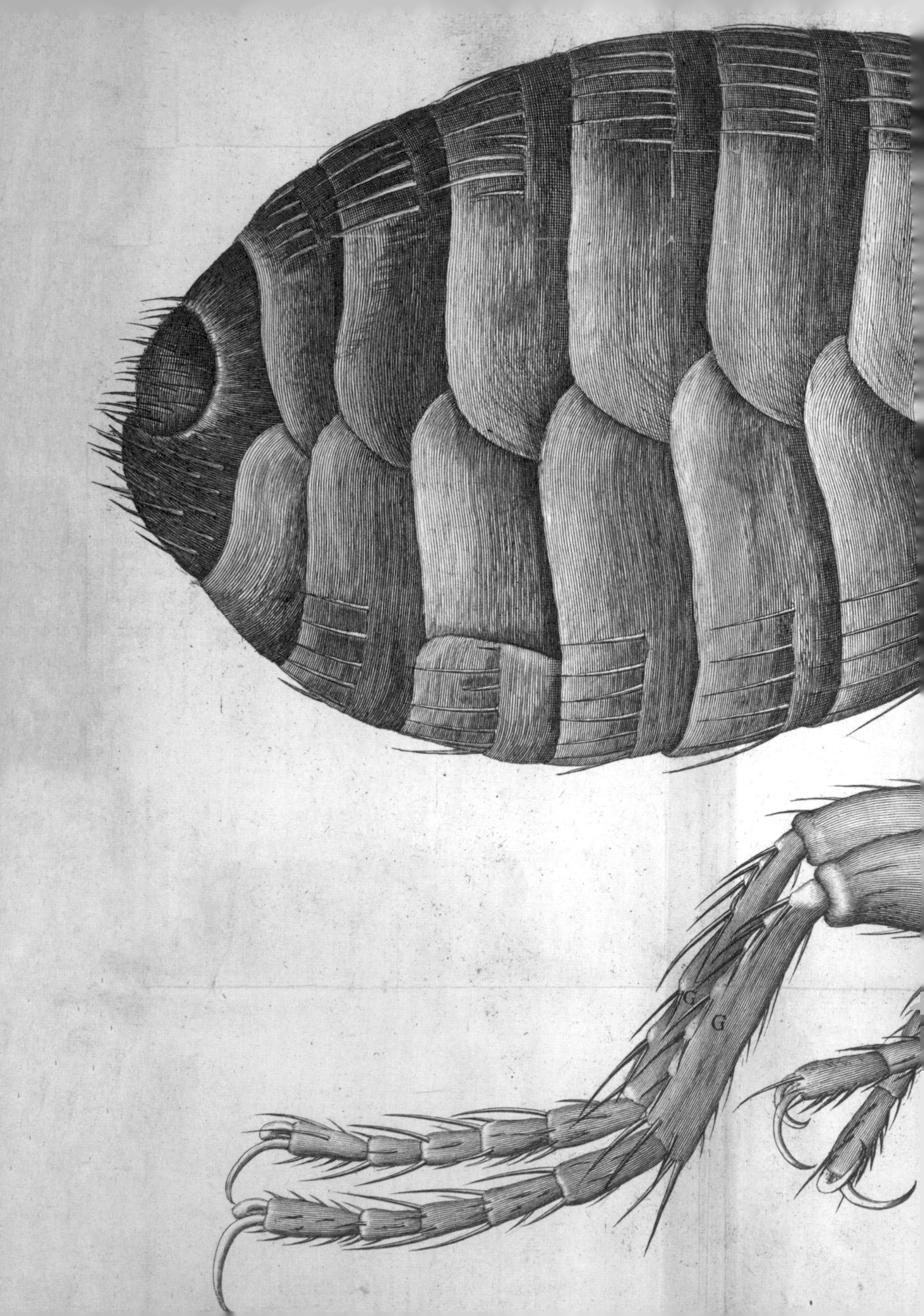
G
G

Schem XXXIV

210

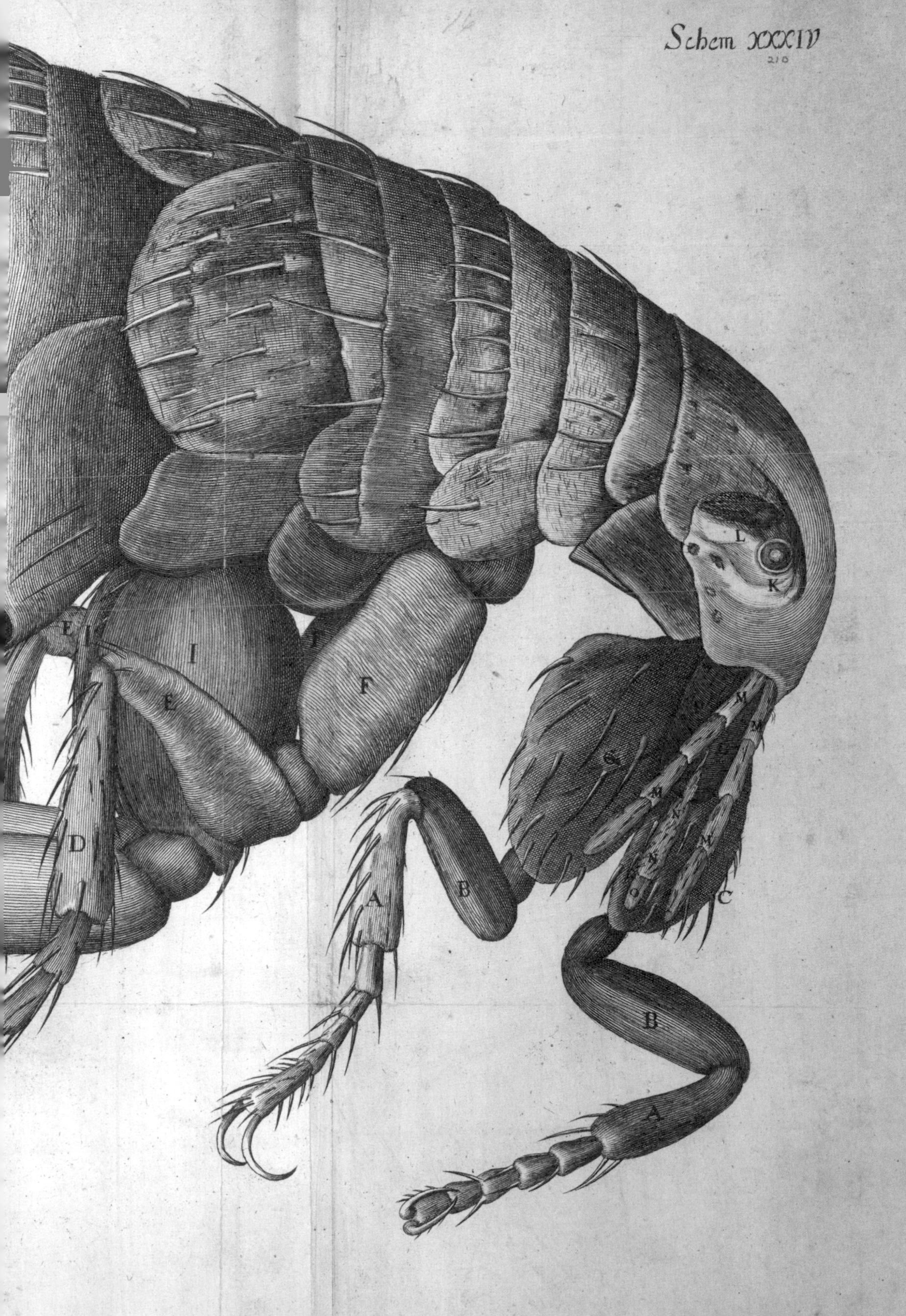

M
H
C
G
F
PER AVE'R
MULTIPLICATO LA
PESTE
CON UNGUENTI
N
O

QUI DOVE ESISTE QUESTA PIAZZA
SORGEVA UNA VOLTA TONSTRINA
A GIO. GIACOMO MORA
IL QUALE FATTA CON GUGLIELMO PIAZZA
PUBBLICO COMMISSARIO DI SANITA'
E CON ALTRI UNA COSPIRAZIONE
CON MORTALI UNGUENTI QUA' E LA' DISPERSI
MANDO' MOLTI A CRUDA MORTE
GIUDICATI PERTANTO AMBIDUE NEMICI DELLA PATRIA
SOPRA ALTO CARRO
TENAGLIATI PRIMA CON ROVENTE MORSA
E PRIVATI DELLA MANO DESTRA
COMANDO' IL SENATO
DI FRANGERLI COLLA RUOTA
E NELLA MEDES.^A INTRECIATI E DOPO SEI ORE DI SCANNARLI
QUINDI DI ABBRUCIARLI
ED ONDE NIENTE RIMANGA DI SI SCELERATA GENTE
DI GETTARE LE CENERI NEL FIUME
E CONFISCATI I BENI
DALLA QUAL COSA ONDE SIA LA MEMORIA ETERNA
COMANDO' DI DISTRUGGERE
QUESTA CASA OFFICINA DI TANTA SCELLERAGGINE
E DI NON MAI POSTERIORMENTE EDIFFICARLA
ERRIGGENDO UNA COLLONA
CHE SI CHIAMI INFAME
LUNGI DA QUI LUNGI PERTANTO
CITTADINI BUONI
ONDE IL INFELICE INFAME SUOLO
NON VI CONTAMINI
ANN. MDCXXX. I. AGOSTO
RESENO PUB. PRESID.
M. ANT. MONZIO SENATOR
PRESID. DEL SENATO
GIO. BATTA TROTTO
R. JUSTITIÆ
CAPITIONIS BATISTÆ
VICE COMITAE
COLLON
INFAME
E
D
A
B
B

十七世紀時，大家已經開始能夠理解鼠疫人傳人的機制。雖然經過了數個世紀才發現害蟲的角色，但為了防止被感染者傳染，也採取了成效不一的各式預防措施。醫生們在意自身健康的程度顯然遠超過關心病患。他們身著黑色長袍、頭戴塞滿或浸泡過醋和香草的長喙鳥形面具，用以對抗空氣傳播的傳染病。有一群趁亂闖空屋的盜賊，就是利用一種後來稱為「四賊醋」（vinaigre des quatre voleurs或vinegar of the four thieves）的調製混合物。這個含有香草、大蒜和醋的混合劑，可以用吸入、噴灑或塗抹在口鼻周圍的方式，預防吸入有害的「瘴氣」。事實上這的確是既有效又方便的驅蟲劑配方，一直到二十世紀的烹飪書和醫療書中都還有在模仿。假使當初有廣泛噴灑四賊醋，或許巴黎以外的城市也能免受鼠疫之災了。

但這些療法並未鎖定正確的病媒，其實不是老鼠或有毒氣體，跳蚤才是問題核心。雖然用四賊醋浸泡和配戴鼠疫醫生面具，確實有助於防止近距離接觸到有細菌的口水，或避免在撿起感染的跳蚤時，造成人傳人感染鼠疫，但對解決更大議題卻幫助有限。不，我認為其實檸檬才是1668年阻擋鼠疫在巴黎廣為散播的真正原因。

檸檬水的風潮在巴黎快速興起，因此當巴黎被鼠疫圍繞時，檸檬水生意可能還在街頭小販手中而已。檸檬水不只是受歡迎而已，甚至是無所不在，只要有利可圖，檸檬水商人便會扛著檸檬水，走遍城市的每個角落。檸檬（以及其他柑橘類水果）中所含的檸檬油精是天然的除蟲劑和驅蟲劑。最有效的部位是富含檸檬油精的檸檬果皮。確實，在發現化學驅蟲劑數個世紀後，美國國家環境保護局所列出的十五種殺蟲劑當中，包括一般殺蟲劑和寵物跳蚤蝨子防治產品在內，主要有效成分都是檸檬油精。法國人將製作檸檬水（aigre de cedre）剩下的檸檬皮和壓碎的外殼棄置在最適合阻礙跳蚤－老鼠－人類－老鼠傳

前頁｜被控為鼠疫帶原者的人，在米蘭遭嚴刑拷打及處決，1630年。
上圖｜描繪法國檸檬水商人的諷刺漫畫，臨摹亨利・威廉・布恩伯里（Henry William Bunbury，1771年）的作品。
對頁｜描繪老人向街頭小販購買一杯檸檬水的諷刺作品（1814年）。

LE NOUVELLISTE EN DÉPENSE

Déposé à la Direction de la Librairie &c.

染鏈的地點：垃圾堆。這麼一來，雖是無心插柳，但實際上整個城市卻佈滿了檸檬油精：檸檬水商人到較富裕的地區兜售，剝下來的檸檬皮和殼則幫助了貧困地區。老鼠不僅沒有被大量的檸檬干擾，反而因為是雜食性動物，恐怕還樂於嚐試新口味，因此偶然滅殺了感染鼠疫桿菌的跳蚤。

其他許多新引進的飲料也都含有驅蟲成份：八角水中的八角、杜松酒裡的杜松、芫荽水中的芫荽、茴香水裡的茴香等等。確實，進口飲料中好幾種常用香草，都是四賊醋中的成份。帶原鼠疫的跳蚤，在1668年的巴黎幾乎沒有安身之地。跳蚤在老鼠常出沒的一般垃圾或下水道也無法生存，因為佈滿了檸檬油精和其他驅蟲劑。數以百萬計脫水的跳蚤死在街頭時，肯定非常想念那些沙鼠，而鼠類和人類

則慶幸自己的好運。

接下來的幾年，各界人士紛紛邀功，認為自己才是讓巴黎免受淋巴腺鼠疫再度肆虐的功臣。1667年被任命為首任巴黎警察總監的加布里埃爾・尼古拉斯・德・拉・萊尼（Gabriel Nicolas de la Reynie），因為針對維和行動採取循序漸進的執法工作，以及防止鼠疫加劇，而更加出名。尚・巴普蒂斯特・柯貝爾（Jean-Baptiste Colbert）等大臣們，推動貿易限制，要求貨物在進入巴黎前要先徹底通風，另外六個主要行會和地方長官傑克・柏林（Jacques Belin），也全都誇讚自己的先見之明。看著他們如此做的皇室顧問們，僱人對他們的鼎力支持表示讚賞，而路易十四（1638-1715年）則是搶奪幾個西班牙佔領的比利時城鎮作為慶祝。但總有一天，巴黎會有人醒悟過來，並豎立一尊檸檬水商人的銅像，帶著無畏的眼神望向前方，擺出準備將用完的檸檬丟過人們肩頭的姿勢，瞄準垃圾堆。說不定還會題字寫道：「抱歉，老鼠們，錯怪你們了」（Les rats, désolé, nous toujours avons pensé qu' il était vous）。

對頁 | 《重要的草藥師》（La Nécessaire Herboriste，1827-9 年）。注意她在做生意的葉子和香草旁擺了一大罐檸檬。

次頁 | 石板印刷，紐約的冰檸檬水廣告，約 1879 年。

ICED LE

NEW YORK, PUBLISHED BY CURRIER &

COOL & RE

MONADE

NASSAU ST. COPYRIGHT, 1879

FRESHING

BOVRIL
EUROPE
ASIA
AFRICA
INDIAN OCEAN
PACIFIC OCEAN
AUSTRALIA
FLUID BEEF
BOVRIL
SUPPORTS THE WORLD
RESISTERED.
Cocksedge & Harverson. Lith. Stratford. London.
DESIGN.

CHAPTER THREE
第三章

味精科技戰

EXTRACT

Abstraction

這一切的源起，都是因為人們，尤其是軍隊和海軍，想要隨身攜帶大量的湯品，卻又不希望，你知道的，扛著大量的湯品。大約在十七世紀中期至末期時，人們開始將湯品脫水製成塊狀，便於運送及再加水還原。這種作法已經頻繁到連書面紀錄都有記載了。其實像這樣的點子，人們已經嘗試好一陣子了。只不過，要將濃縮的湯黏聚成塊狀便於再加水還原，既費時、昂貴又麻煩，因此比較晚才出現食譜。但即便已經過五十年以上的摸索，1733年文森・拉查伯爾（Vincent La Chapelle）撰寫的《現代廚師》裡[01]，高湯塊的食譜顯然還是有些離譜：

製作高湯塊的方式，便於攜帶出國，可保存超過一年。

取四分之一隻大型公牛、一整隻小牛……兩隻綿羊、以及兩打老母雞或公雞，或者一打火雞，先脫毛、除去內臟後，再和小牛一起搗碎，連同川燙過並且清理乾淨的小牛腳和綿羊蹄，最後全部放入一只大銅鍋中……

將十二或十五磅的刨鹿角屑另外煮滾，趁熱瀝乾加入高湯中。

接下來倒入四桶礦泉水；緊緊蓋上銅鍋；鍋蓋周圍以膏狀物封住，在上方施加十六磅的重量，以慢火滾煮六小時以上，勿去雜質，直到骨肉可以輕易分離，才算完全熬透：

將較大的骨頭取出，剩餘的食材繼續燉煮；煮好後，儘快將肉取出，立即剁碎；再放進大型熱壓鍋裡，用鐵蓋住，以便將所有的肉汁壓榨出：

完成後，將擠出的肉汁倒回銅鍋內的高湯中，並馬上用細網篩過濾除渣；放涼後，除去油脂：立刻以適量的鹽巴、搗碎的白胡椒和丁香調味；再次煮滾，持續攪拌直到（在倒入盤中時）形成如蜂蜜一樣濃稠的褐色果凍。將它取下，半涼後；再直接倒進既長又淺，深度不超過三英寸的釉面陶器中。待冷卻後，置入加熱的銅烤爐或其他烤爐中乾燥；出爐後，要小心高湯不要燒焦或乾透了。口感必須如黏膠般堅硬，才能用手輕易剝開，以此製成高湯塊，每塊約一兩盎司重，便於保存在玻璃罐，再裝進盒子或箱子裡，封好置於陰涼乾燥之處，以供需要時使用。這些高湯塊溶解後相當美味，可用於製作一般高湯或濃湯。

BOUILLON OXO EN FLACONS
CHIMISTES CELEBRES.
5) Le laboratoire de J. v. Liebig à Giessen (1840).
Reproduction interdite.
Voir l'explication au verso.
OXO

在十八世紀和十九世紀之交時出現了新的熬湯方法。發明家班傑明・湯普森爵士（Sir Benjamin Thompson，1753-1814年），又稱倫福德伯爵（Count Rumford），就像是同時代的班傑明・富蘭克林（Benjamin Franklin，1706-90年）一樣，只不過他是英裔美籍的英王效忠者版本。他發現德軍雖然和其他國家一樣軍糧不足，卻因為享用熱湯而更愉悅健康。聰明的他看出這種健康的感覺，不僅僅是來自喝湯所帶來的快樂和營養價值而已。倫福德發明了一種非常簡單的湯品，用薏仁、裂莢豌豆、馬鈴薯、麵包、鹽和醋熬煮而成，目的在促成這種喝湯對心靈發揮的作用。以緩慢燉煮的方式，這些食材便能釋出風味分子前驅物，摹擬更為營養豐富的肉湯滋味，並提供倫福德所希望達到的飽足感。

儘管在高湯塊的研發上，一直不斷有進展（尤其是罐頭之父尼古拉・阿佩爾〔Nicholas Appert〕於1831年左右所製作的高湯塊），但其實直到1865年李比希公司（Liebig Company）在南美洲進行一項大規模行動前，無論在理論還是過程上，其實都沒有多大變化。傑出的德國化學家尤斯圖斯・馮・李比希男爵

章節序幕｜保衛爾（Bovril）支持世界，廣告海報，約1885年。
上圖｜李比希廣告卡，圖為李比希和他的實驗室。李比希公司印製了數千張名片宣傳產品。每一組有六張同主題的卡片。

次頁｜四組李比希廣告卡。從左至右：萊茵河河長、非歐洲海峽、歐洲海峽以及法國河流。十九世紀末。

01. The Modern Cook，1735 年　以「Le Cuisinier Moderne」為標題出版法文版。

Der Rhein von Bingen bis Coblenz
Panorama aus der Vogelschau mit Ansichten von anliegenden Ortschaften u. Burgen
LIEBIG COMPANY
FLEISCH-EXTRACT
EHRENBREITSTEIN
Die Marksburg
Der Loreleyfelsen
Caub
Bacharach
Lorch
BINGEN.
DÉTROITS EXTRA-EUROPÉENS.
Détroit de Malacca.
MER DE CHINE
OCÉAN INDIEN
SUMATRA
BORNÉO
MALAISE.
VÉRITABLE EXTRAIT DE VIANDE LIEBIG.
VOIR L'EXPLICATION AU VERSO.
DÉTROITS EXTRA-EUROPÉENS.
Détroit de Bering
SIBÉRIE
OCÉAN GLACIAL ARCTIQUE
MER DE BERING
ALASKA
ESQUIMAU.
VÉRITABLE EXTRAIT DE VIANDE LIEBIG.
DÉTROITS EXTRA-EUROPÉENS.
Détroit de Magellan.
ARGENTINE
OCÉAN PACIFIQUE
OCÉAN ATLANTIQUE
VÉRITABLE EXTRAIT DE VIANDE LIEBIG.
VOIR L'EXPLICATION AU VERSO.
DÉTROITS EXTRA-EUROPÉENS.
Détroit de Bab-el-Mandeb
MER ROUGE
ARABIE
AFRIQUE
OCÉAN INDIEN
VÉRITABLE EXTRAIT DE VIANDE LIEBIG.
VOIR L'EXPLICATION AU VERSO.
DÉTROITS EXTRA-EUROPÉENS.
Détroit de Corée.
MER DU JAPON
CORÉE
JAPON
MER JAUNE
MER DE CHINE
COREENNE.
VÉRITABLE EXTRAIT DE VIANDE LIEBIG.
VOIR L'EXPLICATION AU VERSO.
DÉTROITS EXTRA-EUROPÉENS.
Détroit de Torrès.
NOUVELLE GUINÉE
MER D'ARAFOURA
Golfe de Carpentarie
MER DE CORAIL
AUSTRALIE
PAPOUE.
VÉRITABLE EXTRAIT DE VIANDE LIEBIG.

DÉTROITS EUROPÉENS.
Sund.
MER DU NORD
DANEMARK
SUÈDE
MER BALTIQUE
VÉRITABLE EXTRAIT DE VIANDE LIEBIG.
VOIR L'EXPLICATION AU VERSO.

DÉTROITS EUROPÉENS.
Détroit de Gibraltar.
ESPAGNE
OCÉAN ATLANTIQUE
MER MÉDITERRANÉE
MAROC
VÉRITABLE EXTRAIT DE VIANDE LIEBIG.
VOIR L'EXPLICATION AU VERSO.

TURQUIE
MER NOIRE
ASIE MINEURE
DÉTROITS EUROPÉENS.
Bosphore.
VÉRITABLE EXTRAIT DE VIANDE LIEBIG.
VOIR L'EXPLICATION AU VERSO.

DÉTROITS EUROPÉENS.
Pas de Calais.
OCÉAN ATLANTIQUE
MER DU NORD
MANCHE
FRANCE
PARIS
VÉRITABLE EXTRAIT DE VIANDE LIEBIG.
VOIR L'EXPLICATION AU VERSO.

DÉTROITS EUROPÉENS.
Détroit de Messine.
MER IONIENNE
SICILE
VÉRITABLE EXTRAIT DE VIANDE LIEBIG.
VOIR L'EXPLICATION AU VERSO.

DÉTROITS EUROPÉENS.
Détroit de Kertch.
RUSSIE
MER NOIRE
CAUCASE
VÉRITABLE EXTRAIT DE VIANDE LIEBIG.
VOIR L'EXPLICATION AU VERSO.

Véritable Extrait de Viande LIEBIG.
NOTRE DAME DE PARIS
LA SEINE
PARIS
COMPAGNIE LIEBIG.
VOIR AU VERSO.

LA GARONNE
Véritable Extrait de Viande LIEBIG.
TOULOUSE
VOIR AU VERSO.

Véritable Extrait de Viande LIEBIG.
L'ADOUR
BAYONNE
ATLANTIQUE
MARBRE
VOIR AU VERSO.

CHÂTEAU D'AMBOISE
Véritable Extrait de Viande LIEBIG.
LA LOIRE
ST NAZAIRE
VOIR AU VERSO.

Véritable Extrait de Viande LIEBIG.
ANGOULÊME
LA CHARENTE
ATLANTIQUE
PIERRE DE TAILLE
PAPIER
VOIR AU VERSO.

Véritable Extrait de Viande LIEBIG.
AVIGNON
MÉDITERRANÉE
PIERRE DE TAILLE
VOIR AU VERSO.

（Baron Justus von Liebig，1803-73年），因為將名字和研發理論提供給李比希肉類萃取公司（Liebig Extract of Meat Company）使用而留名後世。在其中一本著作《化學郵件》（Chemical Letters，1843年）中，他推測南美洲的牧牛業，原本只有利用小牛皮，應多加善用，生產大量萃取肉，販售至歐洲市場，讓買不起英國牛肉的窮人也有辦法獲得肉類營養。有幾個企業家讀了這本書，取得財力支援，並說服李比希加入這項計畫。他們從弗賴本托斯市（Fray Bentos）在烏拉圭河沿岸的28,000隻牛開始著手，蓋了一間工廠，以三十公斤的牛萃取出一公斤牛肉精華的比例，處理大量的牛肉。這個過程雖工業化，瘋狂程度卻和拉查伯爾130年前的食譜沒兩樣，且規模相當龐大。

萃取肉汁的概念就如同法國製作濃稠肉汁（glace de viande）的技巧一樣，將肉湯收至濃縮的膏狀物。然而，工業化除了提高速度、效率之外，也帶來一堆令人作嘔的東西。就像那些將一大堆的魚發酵液化，製作古羅馬魚醬（garum）的惡名昭彰工廠一樣，只要是嗅覺完好無損的人，絕對不會想靠近李比希工廠。但和魚醬製作方法（將魚用鹽醃漬，置於溫暖的陽光下至少一個月，直到製出魚露為止）不同的是，李比希工程使用巨大的鋼製滾輪將牛肉壓碎成肉渣，然後再熬煮、蒸煮、提煉、並收至濃稠、褐色的肉汁。最後得到的黏稠液體被裝罐、運送至英國，憑著三十比一的濃縮比例，對營養價值提出過度承諾。

一開始，李比希的萃取肉類大受歡迎，甚至連強生牛肉液（Johnson's Fluid Beef，1870年）和李比希肉類萃取及麥芽酒（Liebig' s Extract of Meat and Malt Wine，1881年）等取名如此誘人的產品都在這個毫無戒心的世界上市販售。兩者後來又分別更名為保衛爾和文家宜（Wincarnis），雖然令人不安，但令人驚訝的是，至今依然相當受歡迎。保衛爾作為調味料和熱飲（試試看加在熱牛奶裡，喝起來就像整隻牛的味道）都仍有市場需求。保衛爾是混成詞，源自於英文的「牛」（bovine，源自拉丁文bovem），以及愛德華・鮑沃爾－李頓（Edward Bulwer-Lytton）所著小說《一個即臨種族》（The Coming Race，1871年）中的高級生物種族，總是藉由一種稱作「vril」的神祕電磁物質獲得巨大力量。說真的，在十九世紀末時，只要在產品添加一點科學元素，砰！鐵路、電報、和保衛爾就發明了：歡迎來到未來。在這個時代，科

對頁｜強生牛肉液的廣告貼紙，約 1885 年。
次頁｜牛群朝著弗賴本托斯（Fray Bentos，為烏拉圭城市，同時也是醃肉罐頭公司的名稱）肉罐工廠前進。位於南美洲的李比希肉類萃取公司作品。出自《運動及劇場新聞畫刊》（The Illustrated Sporting and Dramatic News），1890 年 1 月 25 日。

學既有效又神奇，不管什麼都能解決。而且比起本身離譜、利潤也高到離譜的李比希肉類萃取及酒公司（可以說是孕育了南美洲牧牛業，造成森林濫砍的罪魁禍首），保衛爾更能代表這個時代。

科學家開始探查李比希萃取肉類的營養價值後發現，壓碎、搗漿、熬製、提煉、烹調和壓榨的過程，反而讓牛肉原本的養份流失了。於是這家公司稍微調整目前的商業說法之後，改將萃取肉銷至中產階級家庭，當作

CATTLE ON THE MARCH TO FRAY BENTOS, THE
IN SOU

RKS OF THE LIEBIG EXTRACT OF MEAT COMPANY,
AMERICA.

給他們帶來慰藉的舒心食物。你或許沒料到這會成功。原本產品的設計是將大量牛肉的營養價值濃縮進一個便利的罐中，可隨身攜帶又平價，適合軍人、貧民、以及那些只需要將大量牛肉攝取入體內，而不想處理肉或軟骨的人，但沒想到最後營養價值太低，且價錢對目標市場而言又太高，照理說應該是會徹底失敗才對，沒想到結果卻相反。中產階級欣然吞下這個被賦予新概念的肉類萃取產品，彷彿完全沒有察覺這產品原本不是為他們設計的。不過也許可以巧妙地說，這商品就是為他們而生的。

李比希公司在1902年又有另一項發現：酵母菌的化學反應（exploded and eaten），這項發現也同樣被商業化。會發現這點其實很自然：顯然李比希萃取肉類之所以吸引人，並不是因為營養成分或口味，而是一種難以言喻的特質，因此這位知名化學家便去尋找這樣的感覺，最後在酵母菌當中找到。事實上，馬麥醬（Marmite）的命名[02] 就是因為最早推出時是用圓形的陶罐做為容器，現

上圖 | 1886 年的保衛爾廣告。
對頁圖 | 一幅特別殘忍的雷姆可（Lemco）廣告，雷姆可是一種李比希生產的肉類萃取物。出自 1904 年的《畫報》（The Graphic）週報。

02. 「marmite」就是指有蓋的陶器。

在的玻璃罐正是仿造這個原型。若不是有這個典故，產品說不定會被名為「李比希難以言喻的酵母內臟」呢。當酵母菌裂解時，會釋放所有的氨基酸，其中也包括麩胺酸，它除了能傳遞訊號告訴大腦說它正在吃蛋白質，同時也是神經傳導物質。人們吃某些食物時，形容「美味」的鮮味，就是由這些訊號傳達的。儘管在從牛肉轉換成李比希萃取肉類的過程中，大部分的精華都已流失，但留存下來的麩胺酸卻能傳遞正在吃整頭牛的感受——但這比李比希成本低廉許多，而且其實只是因酵母菌釋出麩胺酸而產生的感受罷了。

馬麥醬問世後，就成為一次世界大戰每個軍人的必備軍糧，讓他們補充維他命B和提升正面態度。在大家終於理解產生鮮味的原理（酵母菌遇鹽自溶，便會將內含的麩胺酸釋放，使得酵母菌萎縮並裂解，然後與鹽結合，形成麩胺酸鈉，產生一種美味又令人滿足的奇特鮮味，讓李比希萃取肉類一開始就大受歡迎）之後，各企業也開始以自溶酵母取代保衛爾、文家宜等其他類似產品中的部份牛肉成份。沒想到消費者若非無法區分兩者差異，就是反而更喜歡添加酵母的版本。在2004年英國牛肉出口被禁後數年，保衛爾的成份就完全不含牛肉了。禁令解除後，又開始將酵母萃取物和牛肉湯混合作為成份，不過其實並無充份證據顯示民眾吃得出差別。

在1907年，馬麥醬發明之後

（P.M.）[03] 數年，日本研究家池田菊苗（Kikunae Ikeda）在領會到使用加工保存的鰹魚（又稱柴魚〔katsuobushi〕）和昆布海帶熬製而成的簡單日式高湯「出汁」（dashi），為何會具備四種基本味（酸、甜、苦、辣）之外的另一種令人身心舒暢的美味後，便分離出麩胺酸鈉。他把這第五種味覺稱為「鮮味」（umami），意指「令人愉快且美味可口的味道」。池田和倫福德一樣，希望能改善鄉下貧民的生活，讓他們不需支付昂貴的肉價，也能嚐到更美味的食物，並且，就像李比希一樣，希望能發揮科學的價值，廣泛助人。簡單來說，當自由的麩胺酸鹽遇到鹽，或其他鈉分子時，就會形成麩胺酸鈉，或稱味精。麩胺酸鹽天然存在於熬製高湯的昆布當中，就像肉類、鯷魚、番茄、蘑菇、帕瑪森乾酪和藍紋乾酪，化學上和味覺上也都有大量麩胺酸鹽天然存在於其中。沒多久他們就發現自己挖到寶了，味精被命名為「味之素」（味道的精華），並於1909年上市販售。很快味之素就

左上圖 | Oxo 公司，《閒談者》（The Tatler），1928 年 11 月 30 日。
上圖 | Oxo 公司，《不列顛 & 伊芙》（Britannia & Eve），1929 年 12 月。
對頁左圖 | Oxo 公司，《星球報》（The Sphere）1912 年 11 月 2 日。
對頁右圖 | 保衛爾，《牡羊神》（Pan），1919 年 11 月 8 日。
次頁左圖 | 馬麥醬廣告海報，1929 年。
次頁右圖 | 保衛爾廣告海報，1890 年。

03. P.M. 亦即「post-marmite」，指馬麥醬發明之後。

滲透日本市場，而且不只限於鄉下貧困家庭，而是家家戶戶的餐桌上都擺有味之素調味罐。到了1960年代晚期，西方世界開始提出味精對健康有害的疑慮後，調味罐就漸漸沒有那麼普遍了，但這鮮味仍然繼續為日本料理增添風味。

味精在西方市場從未被正式命名行銷（只有幾次草率的嚐試，例如美國的Accent）。食品公司將味精引進作為添加物，販售至餐館，尤其是中國餐館。跟隨著李比希肉類萃取公司的腳步，味精很快就被廣泛且持續地使用在營養價值低微的舒心食物當中：像是之前提到的中式速食料理、薯片零食，當然也包括罐頭湯、燉菜、和濃湯。味精和高湯塊一樣，在野戰口糧也同樣佔有一席之地。在二次大戰後，同盟國軍事佔領日本時期（1945-52年），各國領袖們發現只要有選擇，軍人都喜歡日本軍糧勝過自己國家的。一發現味精是造成如此差異的原因之後，美軍立刻在軍糧添加味精。事實上直到最近，味精仍是美軍規定必加的添加物——倫福德伯爵若是知道了肯定會感到非常欣慰。

到了二十世紀，真正的牛肉產品開始遇到困難。對健康食品的興趣提高，再加上經濟停滯不前、雞肉受歡迎的程度大增、還有許多模仿肉味的味精口味罐頭食物，都使得牛肉失去了吸引力。顯然麩胺酸鹽和牛就像在進行一場零和遊戲。這個風味，經由南美洲於英國誕生，取自上千頭搗爛

MARMITE

For Health and Good Cooking

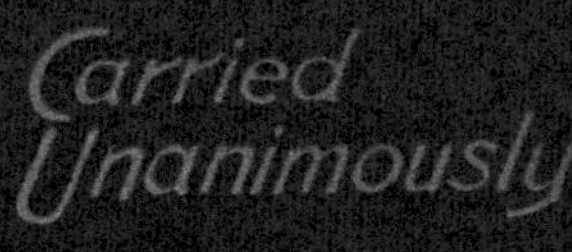

WOOLLEY

BOVRIL

BOVRIL

BOVRIL

BOVRIL

BOVRIL

30, FARRINGDON ST., E.C.

UNWIN BROTHERS, LITH: LONDON, E.C

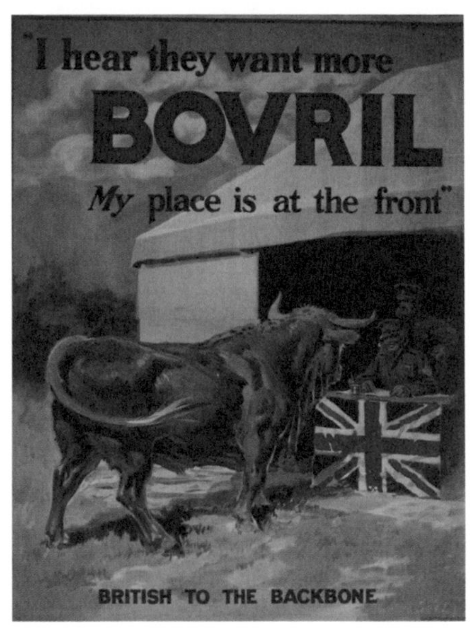

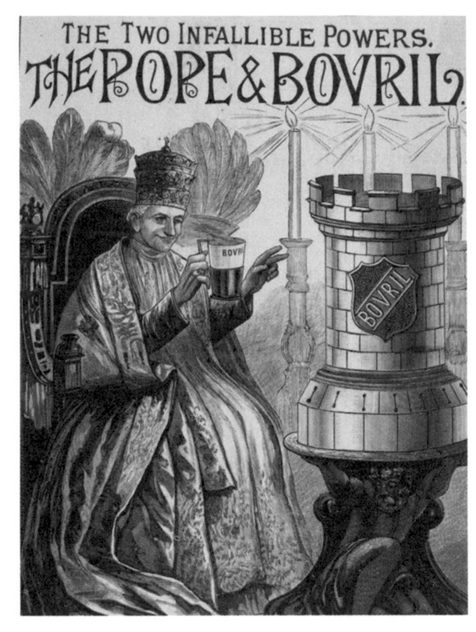

的牛，卻和保衛爾一樣，背叛了純正的牛肉血統。到60年代時，味精神奇的風味嘉惠了許多預先包裝的食物和罐頭食品，尤其是在美國，使得牛肉業者不得不有所回應。約1968年時，開始有人出現頭痛、盜汗、心悸、臉部麻木、噁心和虛弱等症狀。這些接連不斷傳出、與味精副作用相關的傳聞證據，究竟是因為牛肉業者造成的，還是他們只是單純因此而受益而已，很難確認。不過可以確定的是，在出現這些健康問題報告的同時，牛肉業者也在大力推動，希望將行銷訊息和遊說計劃現代化。地區性和全國性的牛肉組織，有的甚至已成立近百年，全都一起協力對抗味精的威脅。1973年時，他們說服當時的美國總統理查・尼克森（Richard Nixon，1913- 94年）凍結牛肉價格，以吸引愈來愈多被「停滯性通膨」壓榨的人口。凍結的決定是個災難性的錯誤，不僅拖垮牛肉價格，還任由名聲受損的味精繼續撫慰這些任性的人，一直到80年代。暫緩令也只維持了一陣子，對於「中國餐館症候群」（因慣用味精而產生的不適症狀泛稱）的抱怨，宣告了味精的末日。味精被迫地下化，不得出現在食品內容物標示上，取而代之的是它的前身，例如自溶酵母和水解蛋白，兩者皆含有麩胺酸，在遇到鹽時會轉換成味精，但在食品標示上卻不會被當作味精。

上圖左 | 第一次世界大戰時的保衛爾海報，1915 年
上圖 | 教宗與保衛爾。《運動及劇場新聞畫刊》，1890 年 3 月 1 日。
對頁 | 保衛爾會讓他成長茁壯。《牡羊神》1919 年 11 月 15 日。
次頁左圖 | 李比希廣告卡，1890 年。
次頁右圖 | 味之素。20 世紀中期海報。

04. 出自「The enemy of my enemy is my friend」，亦即「敵人的敵人就是我的朋友」。

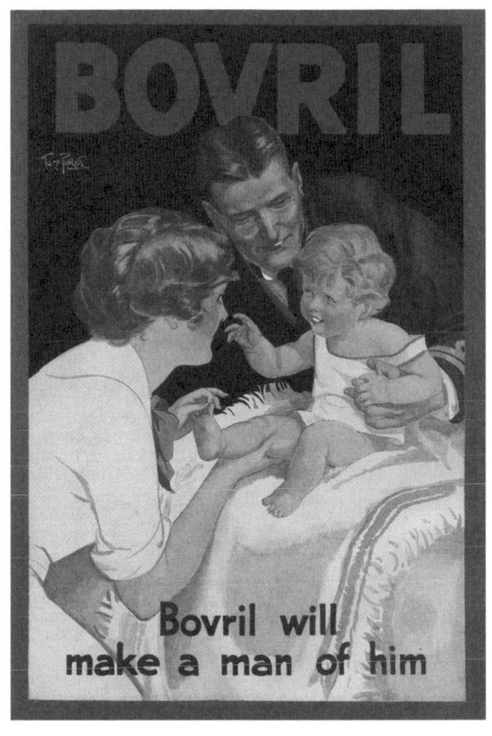

為何素食團體從未極力替味精解圍呢？至少從「既然牛隻業者是我的敵人，那麼敵人的敵人就是我的朋友」[04] 的道理來看，他們應該站在同一陣線上才對。70年代或80年代照理說應該是他們陷入爭執的完美時間點，正如東方和西方、海帶和牛、昆布高湯和大麥湯，全都想要分出高下。但素食者對於聽起來很化學的可疑味精，和充斥著味精的食品添加物標示，向來展現得不慍不火。要不是後來味精的副作用讓人卻步，否則他們應該會很樂於在豆腐素火雞上灑一些味精，或者用味精取代鹽巴（味精能讓少量的鹽嚐起來更鹹）。於是素食者錯過了和解的機會，我們邁入新的世紀，卻未見解決方法，而味精和日益縮減的盟友仍在各處與牛隻業者奮戰。

近來，味精被重塑成一種概念、而非物質的作法愈來愈成功。鮮味和化學物質劃清界線，就如同保衛爾和牛也劃清界線一樣，於是現在我們又能毫無顧忌地以味之素讓餐點更鮮美。不過，喜愛鮮味的人仍然不是那些喝倫福德的湯的貧民，而是中產（甚至上流）階級人士。原來即使過了這麼久，讓人感動舒心和飽足的食物，還是賣給原本就安逸飽足的人比較容易。而貧困者，一如往常的，只能自求多福了。

ASK FOR LIEBIG COMPANY'S EXTRACT OF MEAT
EXTRACTUM CARNIS LIEBIG
THE LIEBIGS EXTRACT OF MEAT
LIMITED
LONDON
GENERAL DEPOT ANTWERP
ANNUAL SALE SEVEN MILLION JARS

AJI-NO-MOTO
ESSENCE OF TASTE
調味精粉
味の素
AJI-NO-MOTO
味の素

ganna

ANGAMA

Hic sunt
antropo
phagi

2

CHAPTER FOUR
第四章

人吃人的世界[01]

EVERYBODY EATS SOMEBODY, SOMETIMES

01. 英文標題是引用「Everybody Loves Somebody Sometimes」這首歌的歌名。

每個人都可能有吃人的時候，只是狀況不同而已：墜機、翻船、在森林裡迷失、在戰場上剛擊敗了仇敵、殭屍末日…。數百年來，歐洲人一直著迷於何謂「合理的」同類相殘行為：著迷的程度嚴重到「一艘船上有六人但食物只有四人份」的情節已成了世界各地道德課的主要題材。連天主教會這樣的權威都表示，若是為了防止飢餓，同類相殘行為是可以接受的，只要不是實際去動手殺人，或祈禱「那個看起來很美味的素食者先死」就行。非工業社會的觀點往往較為樂天，選擇只吃「山的另一頭」的人。理由是假使他們只吃「其他人」，感覺比較不像同類相殘：就像老虎吃掉獅子的概念。

不過，非歐洲的文化往往對於同類相殘有更明顯的禁忌，例如因同類相殘行為而產生的可怕樹怪：北美原住民阿爾岡昆族（Algonquian）神話裡永遠吃不飽的溫迪戈（Wendigo）。但一般而言，人愈多的地方，同類相殘的行為就愈被禁止，至少名義上是如此。同類相殘發生在都市裡比在鄉下還危險，因為可以吃的人比較多，且飲食較多元的人，有可能肉嚐起來更美味。如果有一天我們會打量著鄰居想把對方當晚餐吃掉時，社會契約蕩然無存，這麼一來連向鄰居借除草機這種事也不能做了。這些禁令本身也可能造成另外的問題，反而讓有些人對這樣的想法產生迷戀——好比餅乾罐被父母藏起來的小孩一樣，忍不住好奇被禁止的食物該有多美味。

食人者（Cannibal）這個字源自於加勒比人（Carib），即小安地列斯群島（Lesser Antilles）的原住民，同時也衍生出加勒比這個名字，以及烤肉（barbecue）這個字，這或許並非巧合。最著名的早期食人紀錄是在漢斯・史達頓（Hans Staden）報告中所提到的巴西圖皮南巴人（Tupinambá）。《關於美洲新世界野蠻、赤裸、殘忍、食人族國家的真實故事及描述》（True Story and Description of a Country of Wild, Naked, Grim, Man-eating People in the New World, America）於1557年在德國出版，內容未必是真實故事，但有些細節描述可以參考。書上記載圖皮南巴人有吃人肉的習慣：大部份是用烤的，偶爾在家裡也會用水煮。他們的做法正是偉大的法國人類學家克勞德・李維史托（Claude Lévi-Strauss）的理論基礎：食人者會將想摧毀的人用火烤，將珍惜的人用水煮

章節序幕 & 對頁｜安達曼群島（Andaman Islands）食人族圖細部，出自《托勒密：地理學》（Ptolemy's Geography，1522年）。
上圖｜犬頭人（狗頭人身）同類相食圖細部，出自《托勒密：地理學》（1522年）。

對頁｜圖皮南巴人烹煮並食用人類的場景，出自特奧多雷・德・布里（Theodor de Bry）的《美洲》（America，1590年）。這些雕刻作品是依據漢斯・史達頓在所著《關於美洲新世界野蠻、赤裸、殘忍、食人族國家的真實故事及描述》（1557年）當中的描述所刻畫出來的。

tem ſubigunt, Mingau vocatam, quam illæ adhibitis liberis abſorbent. Lact comedunt, tum carnes circa caput derodunt. Cerebrum, lingua, & quicqui

eſui eſt in capite, pueris cedit. Finitis hiſce ritibus, ſinguli domum repetunt, aſſumpta portione ſua. Auctor cædis aliud adhuc nomen ſibi imponit. Regulus tugurii brachiorum muſculos ſupernos ſcalpit dente cuiuſdam animantis occiſori: vbi vulnus conſolidatum eſt, relinquitur veſtigium, quod honori magno ducitur. Quo die cædes perpetrata eſt, auctor eius ſe quieti dare neceſſe habet, & in lecto ſuo retiformi decumbere totum eum diem: præbetur illi arcus non ita magnus, cum ſagitta, quibus tempus fallit, & ſcopum ex cera adornatum petit. Quod fit, ne brachia ex terrore cædis obtuſa, ſeu exterrita fiant tremula in ſagittando. Hiſce omnibus ego ſpectator, & teſtis oculatus interfui.

Numeros non vltra quinarium norunt: ſi res numerandæ quinarium excedant, indicāt eas digitis pedum & manuum pro numero demōſtratis. Quod ſi nu-

Americani defixis in terra ligneis quatuor furcis crassitudine brachii, trium edum interuallo, quadrata figura, æquali vero trium fere pedum altitudine,

baculos in transuersum duobus à se inuicem distantes digitis superimponunt, itaque ligneam cratem comparant: hanc sua lingua *Boucan* nominant. In ædibus permultas huiusmodi crates habent, quibus carnes in frusta concisas imponunt, & lento igne siccis è lignis excitato, vt ferè nullus existat fumus, quamdiu fert volūtas coqui hunc in modum patiuntur singulis dimidiæ horæ quadrātibus inuersas. Et quoniam sale cibos minime cōdiunt, quemadmodum hîc mos est, vno tantum coquendi remedio vtuntur ad eorum conseruationem, itaque etiamsi 30. vno die feras quales hoc capite describemus, essent venati, omnes frustatim concisas illis cratibus ingererent, quam citissime fieri posset, ne corrumperentur: ibi sæpius circumactæ aliquando plus quatuor & viginti horis torrentur, donec pars interior carnium æque cocta sit atque exterior, eaque ratione omnes sint à corruptione tutæ. Nec in piscibus apparandis & cōseruan-

Boucan & Barbarorum culina. Conseruandorum ciborū apud Americ. ratio.

America
CON DI TA
MANV
ORE
HISTORIA VERDADERA
DE LA CONQVISTA DE LA
NVEVA ESPAÑA.
Escrita
Por el Capitan Bernal Diaz del
Castillo, Vno de sus Conquistadores.
Sacada a luz,
Por el P. M. Fr. Alonso Remon, Pre-
dicador y Coronista General del Orden de
N.S. de la Merced, Redencion de Cautiuos.
A la Catholica Magestad del
Mayor Monarca D. Filipe
IV. Rey de las Españas y
Nuevo Mundo N. S.
Con Priuilegio. En Madrid, en la Emprenta del Reyno.
D. Fernando Cortes.
P. Fr. Bartolome de Olmedo.
MEXICO

——亦即對敵人以火，待家人以水。圖皮南巴人還會為女性和兒童烹煮一種燉內臟，聽起來很像墨西哥內臟燉湯（menudo，一種以內臟燉煮而成的辣味墨西哥湯品）或菲律賓燉豬血（dinuguan），他們稱為mingau，（有趣的是，這也是現在美國一間牛肉乾公司的名字）。

阿茲提克帝國為最大的古文明城市之一，同時也是以同類相殘出了名。到了十六世紀時，帝國的規模和密度在這時已發展到快要無法供養人民，惡劣的形勢迫使了人吃人。由於阿茲提克人並沒有馴養任何草食性動物——牛、豬、綿羊、山羊、甚至連天竺鼠都沒有，因此多數居住在特諾奇提特蘭（Tenochtitlán）和特拉特洛爾科（Tlatelolco，現今墨西哥境內）的人，幾乎只靠玉米為生，長期處於頻臨饑荒狀態。不穩定的都會人口結構加上完全不均衡的飲食、嚴格的階級制度、待平息的眾神之怒、以及因食用玉米而無意間使肉質更為鮮美的市民，最後無可避免的，有錢人便開始吃窮人。就像圖皮南巴人一樣，他們也發展出烹煮人肉的食譜。

西班牙征服家貝爾納爾・迪亞

對頁｜貝爾納爾・迪亞斯・德爾・卡斯蒂略所著《征服新西班牙信史》的扉頁（1632年版本）。
上圖｜《馬利亞貝基手抄本》（Codex Magliabecchi，約1529-53年）中的食人場景。1903年的摹本。
次頁｜《波旁尼克手抄本》（Codex Borbonicus，約1507-22年）中的食人以及人祭。1899年的摹本。

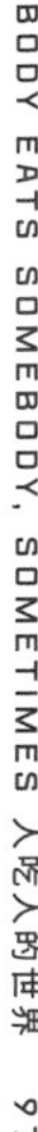

斯・德爾・卡斯蒂略（Bernal Díaz del Castillo，1492-1585年）與埃爾南・科爾特斯（Hernán Cortés，1485-1547年）一同在墨西哥抗戰，並推翻阿茲提克帝國的回憶錄——《征服新西班牙信史》（Historia verdadera de la conquista de la Nueva España，約1578年）當中，記錄了一則顯然是用「鹽巴、胡椒和番茄」熬煮人肉的食譜。除了是現代最好的人肉食譜之外，這也是第一次在食譜中出現燉辣肉醬（chilli），同時也是一百多年來，第一次有蕃茄的食譜紀錄（蕃茄一直到十七世紀末才在歐洲普及。碰巧卡斯蒂略也提到燉辣肉醬原本並不含豆子，平息了古老的燉辣肉醬爭論）。最新的研究發現，墨西哥城附近發現的阿茲提克人骨，沾染了紅色和黃色的香料，更加證實了卡斯蒂略食譜的可信性。研究人員檢驗燉肉醬的遺跡，發現也含有南瓜籽、辣椒還有可能是胭脂樹紅色素（自婀娜多樹種籽取出的橘紅色類胡蘿蔔色素和溫和香料），顯示早期墨里醬的成份可能也含有人肉。這些從味覺角度來解釋都是合理的，因為據說人肉煮熟後偏甜，而番茄口味較酸，正好可以中和甜味。

玻里尼西亞在十八和十九世紀時以食人出名，以「長豬」代表烹煮人肉的著名用法，就是出於他們（誤翻）的詞彙。另外，「長豬」這樣的用語也造成大家普遍誤以為人肉吃起來近似豬肉——這點我本身既無法確認也無法否認。歐洲多數有關食人的描述，顯然用意都是為了將自己其他更可怕的行為合理化——正如法國散文家及哲學家米歇爾・德・蒙田（Michel de Montaigne）所正確指

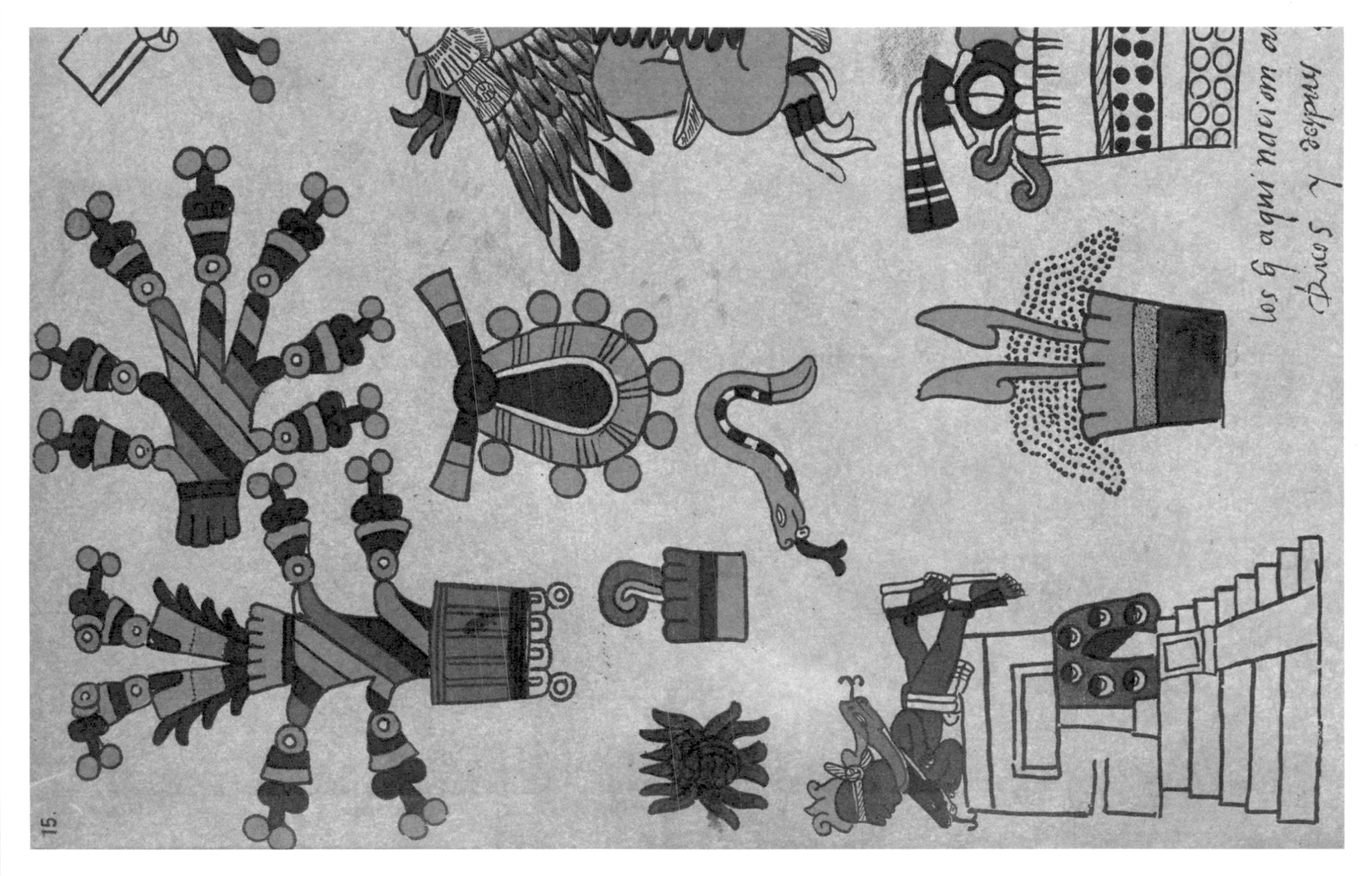
15.
los q aqui naciam

出的（見下方）。對他們而言，原住民與歐洲人分享的食人故事，用意在引發他們好奇、驚訝和恐懼，而且也過度誇大了。許多時候，各方描述的食人故事，不是抹滅就是放大對方的說法，最後的報告內容模糊不清，真實性也有待商確。

紐西蘭的毛利人和斐濟人絕對有吃人肉（見保羅·穆恩〔Paul Moon〕的《這個可怕的慣例》（This Horrid Practice，2008年），且他們似乎也遵循李維史托的理論，敵人用火烤，朋友用水煮。不過儘管波里尼西亞人以食人著名，卻不擅長寫食譜，甚至在講給積極入侵者聽的愚蠢故事裡也都沒有提及。事實上，在整個食人文化歷史中，唯有阿茲提克和圖皮南巴人流傳下來的食譜較進階，不像斐濟人只提到「添加香草的長豬」。這表示阿拉瓦克人（Arawak）、伊羅奎人（Iroquois）、斐濟人等其他令多數歐洲人著迷的食人族行為，較為與世隔絕並且具有儀式性，因此歐洲的觀察家也不了解其意義。若沒有添加點香料或醬料，即使是滋味最豐富的人肉，嚐起來恐怕也是稍嫌單調。

自十六世紀末以來，這些報告先後煽動了歐洲及北美洲對食人概念的狂熱。歐洲人總是試圖將自己所破壞和征服的民族文化貼上食人族的標籤，藉以暗示對方既野蠻又不文明。十九世紀時，美國的心理學家診斷出阿岡昆人（Algonquin）患有「溫迪戈精神病」（Wendigo psychosis），這是一種假設的病症，患者即使有其它食物選擇，仍然具有強烈的吃人慾望。但奇怪的是，在將這些文明烙印上鮮紅色「c」字[02]的同時，西方世界也有不少人對食人行為開始著迷。

照理說食人行為應是西方文化的最大禁忌，但與食人相關的文學作品還真不少，而且其實數量還頗為驚人。但大部分的作品儘管有趣，卻不是真的與吃人肉有關。強納森・史威夫特（Jonathan Swift）的《一個小小的建議》（Modest Proposal，1729年）中提到有錢的英國人會吃愛爾蘭小孩，以及米歇爾・德・蒙田先進且非常合理的《論蠻夷》（Of Cannibals，1580年）裡，將歐洲人的掠奪行為與相較之下比較無害的食人慣例相比，兩者的性質都偏向政治意圖而非烹飪。古希臘斯多噶派（Stoics）的克里西波斯（Chrysippus）和芝諾（Zeno）認為食人或許是可接受的行為，不過卻沒有證據顯示他們自己有將哲學理論擺一邊，拿起叉子吃人肉。作家古斯塔夫・福樓拜（Gustave Flaubert，1821-81年）、赫爾曼・梅爾維爾（Herman Melville，1819-91年）、和丹尼爾・笛福（Daniel Defoe，1660-1731年）都曾在作品中提到食人行為，但對於具體細節卻著墨不多。偉大的墨西哥壁畫家迪亞哥・

里維拉（Diego Rivera，1886-1957年）聲稱自己曾與友人過了兩個月的食人生活，「而且大家都因此更健康了」。據說里維拉是從停屍間取得食物來源，只吃「剛被殺死，且非老或病者」。他最後沒有持續下去，「不是因為覺得噁心，而是因為社會對這種做法持有敵意」。

文學作品和流行文化中最著名的食人者，當然非漢尼拔・萊克特醫師（Doctor Hannibal Lecter）莫屬了，他是湯瑪斯・哈里斯（Thomas Harris）小說筆下惡名昭彰的連續殺人魔，最早出現在《紅龍》（Red Dragon，1981年）裡。不過漢尼拔比較像是反對食人的警示故事：雖然佩戴領巾狀領帶和聆聽布拉姆斯音樂，但呈現出來就是一場噩夢。一個受良好教育、高文化素養的美學家，卻迷上以新潮烹調[03] 風格來吃人肉，這樣的想法或許是很有意思的心理戰，但就同類相殘的角度來看卻是無稽之談。正如漢尼拔一樣，大部分真實世界裡有名的食人者都不是真正的食人者，只是瘋子罷了。到了

上圖 | 庫克船長（Captain Cook）於 1777 年 9 月 1 日在大溪地阿塔胡魯（Attahouroo）見證了大型石露台前的人祭。出自《約翰 ・ 韋伯於庫克船長第三次航行時的繪畫》（Drawings executed by John Webber during the Third Voyage of Captain Cook，1777-1779 年）。

02. 「Scarlet letter」是指在美國殖民時期，通姦罪者被烙印上的紅色「A」字母，但在此是字母「C」，代表「Cannibal」，即食人族的意思。
03. 新潮烹調（nouvelle cuisine）是指相對於古典法國料理（haute cuisine）而言的料理。

Beating the Death Drum for a Cannibal Feast

二十世紀，有關同類相殘的電影如同大雜燴一樣。電影《我可口的小法國人》（How Tasty Was My Little Frenchman，將史達頓惡名昭彰的巴西報告重述的1971年版本，不過並無史達頓這個角色）、無心插柳成為經典食人片的《食用雷歐》（Eating Raoul，1982年）和《廚師、大盜、他的太太和她的情人》（The Cook, the Thief, His Wife and Her Lover，1989年）、及不少其他影片，都延續西方對於食人行為既厭惡又迷戀的錯綜情感，甚至愈演愈盛、深陷其中。

英國文學是唯一可以察覺在人肉烹調上有實質進展的地方之一。無論是莎士比亞（1564-1616年）的諸多劇作、維多利亞時代的童話故事「傑克與豌豆」（1807年）、還是查爾斯・狄更斯（1812-70年）的許多作品，英國作家都對於在食物中隱藏人肉很感興趣。在《泰特斯・安

上圖左｜約翰・尼霍夫（Johannes Nieuhof）在「巴西與東印度的航程和旅行」〈Voyages and Travels into Brazil and the East Indies〉中所繪的「巴西人」，收藏於邱吉爾的《航行與旅行簡史》（1732年）。
上圖右｜「食人宴敲響死亡之鼓」（Beating the Death Drum for a Cannibal Feast）。約1913年於倫敦印製的異國風情明信片，滿足對食人的慾望。

對頁｜喬治・迪比丁・皮特（George Dibdin Pitt），《瘋狂理髮師：倫敦首席惡魔剃刀手》（Sweeney Todd, the Barber of Fleet Street）；又名《一串珍珠》（String of pearls）。傳奇劇，分為兩幕（1883年）。
次頁｜《哀傷又悲慘的泰特斯・安特洛尼克斯歷史…》（The Lamentable and Tragical History of Titus Andronicus... A ballad，約1660年）。

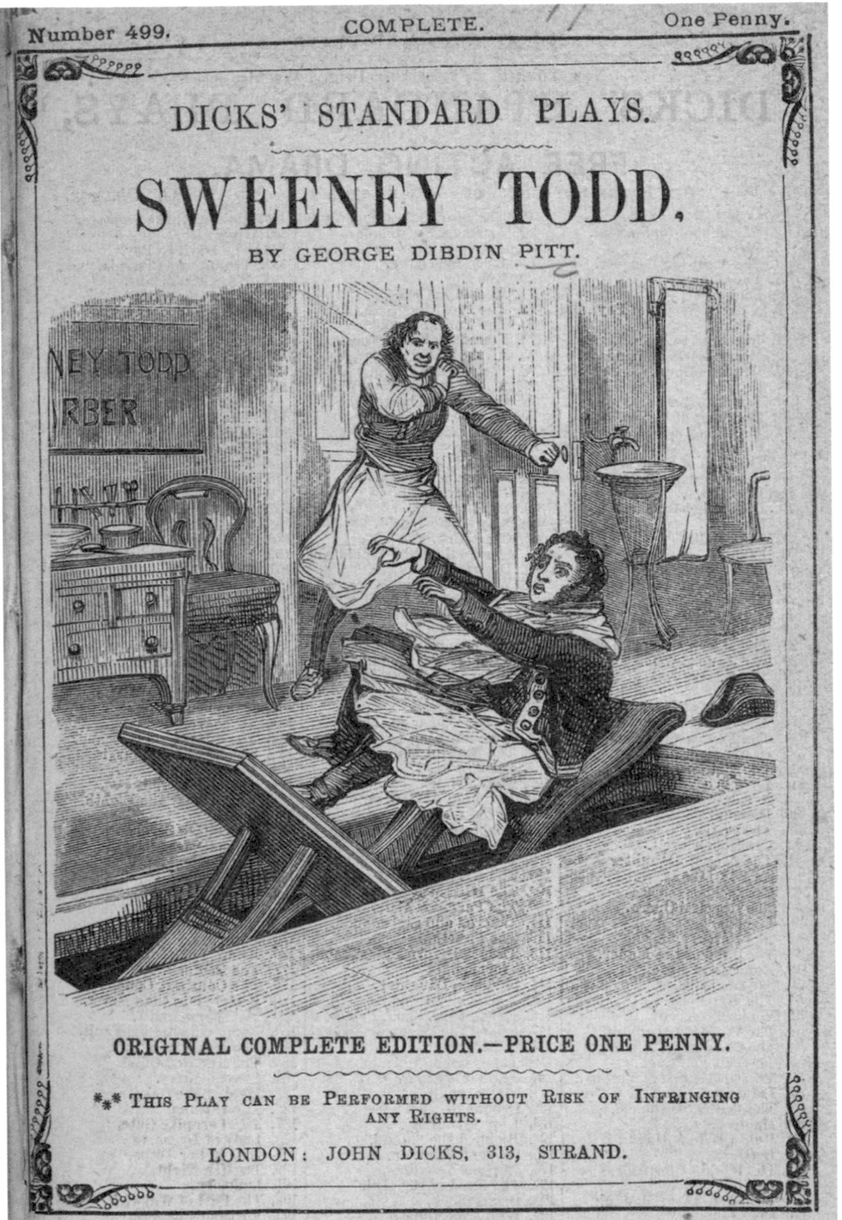
Number 499.
COMPLETE.
One Penny.
DICKS' STANDARD PLAYS.
SWEENEY TODD.
BY GEORGE DIBDIN PITT.
NEY TODD
RBER
ORIGINAL COMPLETE EDITION.—PRICE ONE PENNY.
*** THIS PLAY CAN BE PERFORMED WITHOUT RISK OF INFRINGING ANY RIGHTS.
LONDON: JOHN DICKS, 313, STRAND.

特洛尼克斯》（Titus Andronicus，1594年）當中，有兩個人被烤成派，端給毫不知情的人食用；傑克與豌豆中的巨人將人骨研磨成粉製作麵包；受歡迎的低俗恐怖小說《一串珍珠》（String of Pearls，1846-47年，後來又名為《瘋狂理髮師》〔Sweeney Todd〕，不僅是傳統恐怖故事，也企圖將愛爾蘭人刻畫成食人者）在講述一名兇殘的理髮師，將他手下的受害者販售到派餅店；還有在《瘋狂理髮師》出現的幾年前，狄更斯也在《馬丁・翟述偉》（Martin Chuzzlewit，1843-4年）當中提到烘焙人肉糕餅。事實上，狄更斯一直反覆在作品中明示暗示提及食人行為。《遠大前程》（Great Expectations，1861年）中的皮普（Pip）遭威脅會被吃掉；《匹克威克外傳》（The Pickwick Papers，1836年）裡的胖小子（Fat Boy）也提到他想吃瑪麗（Mary）。食人族和吃人肉的食人妖貫穿整部《雙城記》（A Tale of Two Cities，1859年）；而《塊肉餘生記》（David Copperfield，1859年）裡的大衛・考伯菲爾（David）經常以食人的角度提及朵拉（Dora）。但這些還都只是在主餐之前優雅端上的前菜而已。1868年時，狄更斯寫了一系列與食物有關的作品，最後一篇名為《優點蛋糕》（An Entremet of Great Merit），詳細描述了「桑威奇島弧（Sandwich Islands）國王最後一任御廚的食譜」中的幾篇食譜。其中包

括「英國水手佐檸檬香芹奶油醬汁[04]」、「梅特涅風嬰兒」（baby á la Metternich）、焗烤水兵、麵包粉裹船長佐梅子醬。狄更斯甚至解釋，同類相殘只不過是當所有本地動物都被吃光後，對食肉的渴望而已：言外之意就是野蠻的食人族因為沒有選擇，當然可以百無禁忌地大開吃戒，但英國的食人者想滿足食慾還必須偷偷將受害者掩藏起來。

因狄更斯太常提及這類例子，我認為其實他本身患有一種特殊的英式溫迪戈精神病：患者會想要吃人肉，但前提是人肉必須是藏起來的，就像餵孩子吃青菜一樣，他們不能察覺自己吃到人肉。這其實十分有道理。許多世紀以來，對於吃人的想法，我們既受吸引又排斥，將自己邪惡的夢想扣在其他族群上，一邊辱罵對方，一邊卻又經由對方完成自己的夢想，將此視為唯一合理的解決方法。我是否主張狄更斯，以及十九世紀各界的英國人可能都吃過人肉餡派和人骨麵包，以滿足自己不願承認的衝動慾望呢？我不會妄下斷言。不過，我可能還是會查查看狄更斯住家附近有多少失蹤孤兒，好確認一下。

04. 這裡是指使用 Maître d'Hôtel butter 料理，Maître d'Hôtel butter 是一種添加香芹、檸檬、鹽巴和胡椒製成的香草奶油。

CHAPTER FIVE
第五章

晚宴革命

THE DINNER PARTY REVOLUTION

中古世紀時的歐洲上流社會，用餐傳統中習慣將所有的菜同時端到桌上，也就是所謂的無序上菜制（service en confusion）。受邀的賓客必須對勳爵和勳爵夫人獻媚，且比他們下位者也會向他們獻媚。每個人的行為都要符合自己的身分地位，如此一來即使在大型聚會或慶典上，就不會有人被砍頭了。唯一的用餐工具是刀子和雙手，食物盛裝在油酥派皮或稱作托盤麵包（trencher）的厚硬麵包片上。平常可能只有幾個人一起共進晚餐（在冬季，當食物不足時，可能還只有勳爵一個人），但春季和夏季便會舉行盛宴，一整套三四道菜的豪華大餐，接二連三地隨機上菜。由於還要考量被偷、重複利用或是浪費的可能性，因此單從敘述上推測這些聚會的規模著實有些困難，不過肯定是需要廚師、僕人和專家（例如帶領餐前禱的教士、皇家宴會上手持神奇器具的試毒者）等整組人馬協助的喧鬧宴會。這時期的廚房簡直就是不受控的火場，因此地點通常都與餐廳相隔一段距離，且多半是獨立的建築。這意味著端菜隊伍必須要謹慎護著菜餚，朝餐桌緩步前進，所以上菜時菜餚肯定都涼了。

約在十六世紀初期，除了原本的烹調和盛菜專用叉盤之外，也開始出現個人使用的叉盤，食物餐點也因此演變得更為繁複，但調性其實並無多大改變。之後法國國王路易十四（Louis XIV，1638-1715年）建立了相當於封建制度時的用餐制度，只不過是比較墮落的文藝復興版本。在1648年至1653年間，新興中產階級爆發投石黨亂[01] 革命運動之後，路易

章節序幕 | 奧諾雷 ・ 杜米埃（Honoré Daumier）所繪的《卡米爾 ・ 德斯穆林在王宮御花園》（Camille Desmoulins in the Palais Royal Gardens，1848-9 年）。
對頁圖 | 兩名吃東西的男子，出自《美德與習俗的花朵》（Flore de virtu e de costumi，約 1425-50 年）。
上圖 | 孔雀派，出自克里斯托夫 ・ 維格爾（Christoph Weigel） 的《Abbildung der gemein-nützlichen Haupt-Stände…》（1693 年）。
次頁圖 | 約克公爵（Duke of York）、格洛斯特公爵（Duke of Gloucester） 及愛爾蘭公爵 (Duke of Ireland) 與理查二世（King Richard II）共進大餐。出自尚 ・ 德 ・ 瓦夫蘭（Jean de Wavrin）的《新舊英格蘭歷史年鑑》（Anciennes et nouvelles chroniques d' Angleterre，十五世紀末）。

01. 或稱福隆德運動，是發生於 1648 和 1653 年間的法國內戰，因於當時擔任攝政的樞機主教支持者遭到暴民以投石器丟射石頭，故名為投石黨亂。

十四決定要密切留意貴族，並邀請負擔得起的人，接受他的好意，晉升搬進凡爾賽宮住。據估計有將近一萬名王公貴族被引進王宮居住。他們必須見證國王晚餐上菜，旁觀國王和皇室成員當眾享用二三十道菜，這就是典型的皇家晚宴。五百多人在廚房裡忙進忙出，只為了張羅這些鋪張的宴會，但整場宴會從頭到尾只有四十五分鐘，從晚上10點到10點45分。在用餐期間，貴族們禁止談話，不准偷瞄心儀的對象，甚至當國王在甜點都還沒上桌，就打算把他試吃過的小牛胸腺鑲火腿、鵪鶉濃湯、法式海鮮濃湯、鴨肉佐牡蠣、干貝、栗子湯佐松露、烤鴿à la Sainte-Menhout、烤肉派[02] 和其他七道菜全部打包時，貴族們也不准互相使眼色。國王想到一個聰明的辦法，不但能延續中古世紀符合太陽王（le Roi du Soleil）[03] 身份地位的傳統排場、儀式和忠誠奉獻，同時也排除了必須與人共進晚餐、聆聽他人談話的約束。另外還能享用最新研發的法式料理（第一本偉大法國食譜書《法國大廚弗朗索瓦》，在路易十四加冕的十年前出版），這讓法國在當時有別於其他歐洲國家。雖然路易十四的本意是強調自己的權力和中心地位，但我覺得在我參加過的幾場晚宴當中，有些實在應該效法一下他的安靜用餐規定，還有用餐時間四十五分鐘的原則。

路易十四是個城府深的老饕，他相信舉辦小型晚宴，可以預防心懷不滿的對象在大型聚會聚頭，商議如

何刺殺他，關於這點確實也不無可能。歷經數十年，小規模的晚餐形式，在法國社會逐漸普遍，成了家常便飯。法蘭索・馬夏羅（François Massialot ，1660-1733年）所著的食譜書《宮廷與中產階級的廚師》（Le Cuisinier Roïal et Bourgeois〔The royal and bourgeois cook〕，1691年）既受歡迎又具影響力，書中就有提到晚餐的餐桌擺設。馬夏羅的食譜書與之前的料理作品不同，正如其書名所點出的，讀者設定不只是上流社會，還包括了大量增加的中產階級，如工匠、商人和有潛力成為革命家的人。

路易十四在位時間相當長（自1643年才五歲就登基，由攝政會議監督），久到身後直接由他的曾孫，沿用同名的路易十五（Louis XV，1710-74年）於1715年繼位。路易十五是比較單純的君王（許多人甚至稱他頭腦簡單），不像其曾祖父那麼講究排場，他繼續舉辦小規模的晚宴，同時也減少員工數量和每餐的菜

對頁｜威廉・亨利・佩恩（W. H. Pyne），《溫莎城堡的古代廚房》（Ancient Kitchen, Windsor Castle）（1818年）。
上圖｜法蘭索・馬夏羅的《宮廷及鄉村廚師》（The Court and Country Cook，1702年）描繪的餐桌擺設。
次頁｜伊斯雷・西維斯特（Israel Silvestre）的《國王與王后的皇家宴會》（Banquet of the King and Queens，1664年）。為慶祝搬入凡爾賽宮，路易十四舉辦了一場長達六天的慶典，其中包括一場以四季為主題的宴會。

02. 「pâté en croûte」，碎肉醬包覆酥皮再烘烤的一道法式料理。
03. 路易十四自稱「太陽王」。

Premiere
Festin du Roy
plusieurs Princes.
les mets et presen.
quatre saisons.
Israel siluestre, deline, et sculpsit parisiis.

Reynes auec
Dames serui de tous
ar les Dieux et les
Journée .

et excud. cum priuilegio Regis .

色種類。不過，他也贊同創作昂貴且繁複的菜色，因而促成了半認真、半諷刺的食譜書《加斯康尼大廚》（Le Cuisinier Gascon）。由東貝親王（Prince of Dombes）緬因公爵路易（Louis Auguste de Bourbon，1700-55年）、路易十四之孫本人、還有他的正式情婦合著，其中記述了命名古怪的真實菜色（「青醬青蛙」、「綠猴醬汁」、「不是壞蛋」[04]）、誇張的視覺幻象食物[05]（小牛肉烹製成驢子糞便的模樣、雞肉煮成像蝙蝠一樣）、還有現在讀起來像是惡搞的食譜（鴨肉烤熟只為了取其肉汁，淋在雞肉上）。很難確定這本食譜書有多少正經的成份，但對於十八世紀中期法國料理不受拘束的荒唐無稽，肯定是最好的例證和嘲諷。

假使連專為富人所寫的食譜書都透露出即將爆發叛亂的跡象，可以想見當時的巴黎社會有多麼腐敗。1757年時，原本擔任家僕的羅伯特—弗朗索瓦・達米安（Robert-François Damiens〔八成是厭倦了準備鴨肉汁淋雞肉這道菜的緣故〕）用小折刀插進國王側身，企圖刺殺路易十五，而且竟然差點就成功了。刺殺行動引發國王殘暴的激烈反應，處以非常不當的極刑，犯人被火燒、剝皮、拖拉及五馬分屍[06]。這顯示皇家墮落糜爛的生活（和晚餐）實非有魅力的文藝復興進展，而是以藝術和技術之名，倒行逆施地加重中古世紀的不平等。自1610年以來就不再有人以這個方式被處刑，以後也不會再有。

法國料理突顯了社會不平等，精英們偏好用餐人數少一點，因此出現了餐館，大家從此也都認為用餐應是私人的時光。第一家餐館於1760年代開幕，到了1782年時，生意好到安東尼・包維耶（Antoine Beauvilliers）開在位於巴黎黎塞留街（Rue de Richlieu）新裝潢的巴黎皇家宮殿（Palais Royale）裡的英國酒館（Taverne Anglaise），也經營得非常成功。但君王們未料到的是，小型聚會其實很適合謀劃革命，前提是，必須要可以與人交談。安靜用餐的規定始終無法真正實行，因此在路易十六（Louis XVI，1754-93年）於1774年登上王位時，革命爆發在即，且多半都是在晚餐聚會中策劃的。1927年時，毛澤東在《湖南農民運動考察報告》中寫道：「革命不是請客吃飯，不是做文章，不是繪畫繡花。」但若是在十八世紀法國，他可就大錯特錯了。記者暨評論家卡米爾・德穆蘭（Camille Desmoulins，1760-94年）以衝動出了名，朋友最喜歡激他。1784年他在一場晚宴上被激怒，跳上桌子，把杯盤刀叉等餐具都框噹一聲掃到地上，並且慷慨激昂地發表了一篇關於自由、平等和博愛，以及革命共和價值的演說。僅僅五年後，在1789年7月11日時，德穆蘭在巴黎皇家宮殿的咖啡桌邊又發表了一場類似的演說，這次他的激進原則引發一連串暴動，終於在三天後到達頂點，攻佔巴士底獄，法國大革命正式爆發。

在這時，晚宴的型式又漸漸回復到愈來愈大型的盛會，路易十六希望能藉此讓他已經不穩的政權看起來更慎重，但沒想到革命的規模也更嚴重。正如路易十四所預見並想要防患未然的，為數眾多的人集結成群，舉行集會密謀刺殺國王。這些晚宴與會者的行為舉止未經篩選過，思想批判也未經掩飾，還參有保皇黨的擁護者和隱藏的貪污行為。參與多場晚宴的人當中包括了卡米爾・德穆蘭；肉販兼演說家路易・勒讓德（Louis Legendre，1752-97年）；律師且有輕微躁狂症的麥克希米連・羅伯斯比（Maximilien Robespierre，1758-94年）；第一任公共安全委員會主席喬治・丹敦（Georges Danton，1759-94年）；以及演員、詩人兼丹敦的祕書法布林・德・阿格勒汀（Fabre d' Eglantine，1750-94年）。

問題自然是因為晚宴成了貴族階級墮落放蕩的工具。即使晚餐已重新

對頁｜匿名畫家的雕刻，描繪羅伯特－弗朗索瓦・達米安（Robert-Francois Damiens）的公開執刑過程（約1757年）。
次頁｜三十位賓客的餐桌擺設，出自文森佐・克拉多（Vincenzo Corrado）的《時髦的廚師》（Il Cuoco galante〔The gallant cook〕，1773年）。

04. 原文為「Eggs Without Malice」，意即「無惡意的蛋」，故譯為「不是壞蛋」。
05. 突破食物原本的形象，製作出讓人在視覺上產生幻覺的造型。
06. 路米歇爾・傅柯〔Michel Foucault〕在所著的《規訓與懲罰》〔Discipline and Punish，1975年〕序言中有駭人的詳細描述。

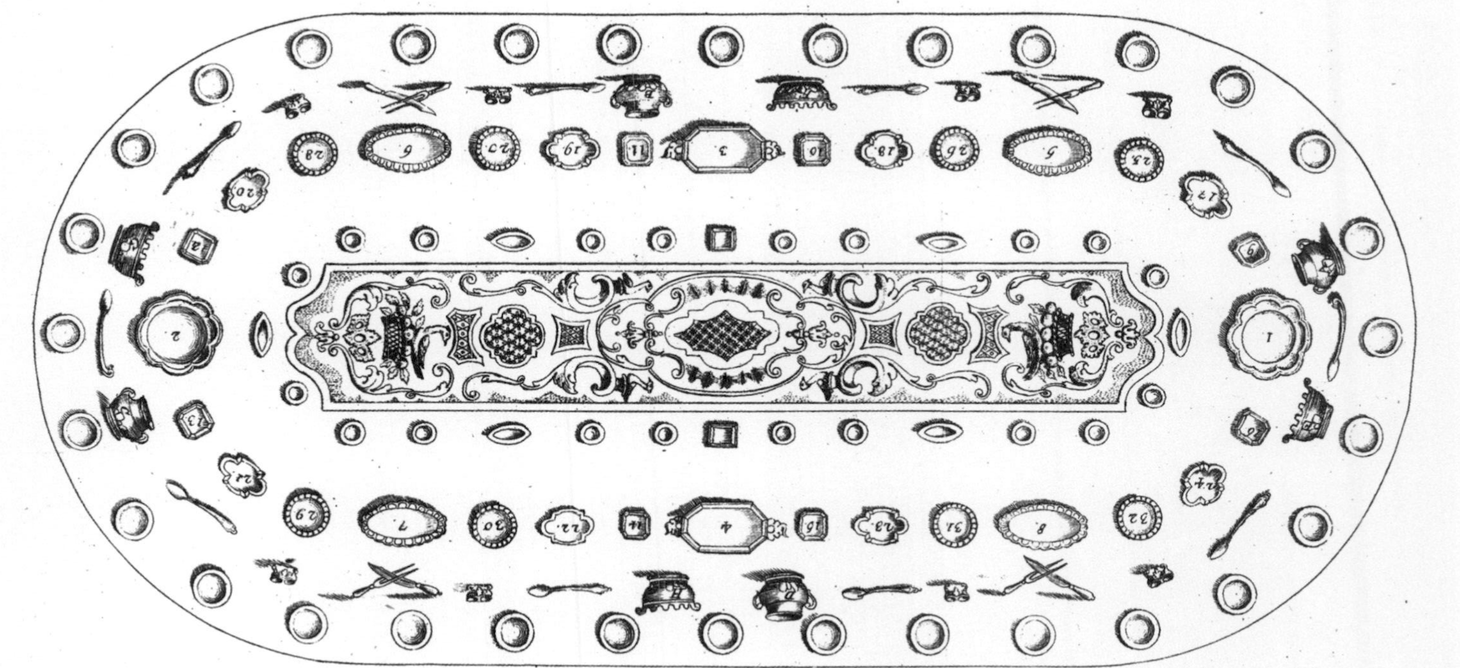

定位為革命的工具，但其本質依然相當有問題。在一個人為的社會情境，個性分歧的人硬被湊在一起，加上飲酒和階級鬥爭的背景：會產生什麼問題呢？法國革命的兩個主要行動者喬治・丹敦和麥克希米連・羅伯斯比之間，之所以長期有嫌隙，就是因為晚宴時鬧不愉快，而且通常都是丹敦先得罪人。要不是丹敦行為粗俗，抹黑德穆蘭，要不就是像某次，丹敦要一位年輕女子手持義大利色情文學創始者皮埃特羅・阿雷蒂諾（Pietro Aretino，1492-1556年）所著的色情書刊，如此一來肯定會惹惱羅伯斯比這個虔誠的清教徒。甚至連法語片《丹敦事件》（Danton，1983年）中，也有一幕形容這兩人在晚宴時打架。原本在1794年時舉辦一場晚宴，想促成兩人和好，卻未能奏效。隔年羅伯斯比就把丹敦送上斷頭台了。直至今日，如在巴黎被禁止參加晚宴，仍會用「被羅伯斯比了」（being Robespierred）來形容。

羅伯斯比就和路易十四一樣，是這類謀反聚會的專家，在參加這些革命晚會時，總是全神貫注的聆聽，甚至連偶爾停下來吃飯都沒有——這樣的作法引起丹敦的注意和不滿。這樣不斷的監視，對於丹敦的祕書法布林・德・阿格勒汀而言相當不利，因為他從不掩飾對劇作家莫里哀（Molière，1622-73年）的喜愛，這看在羅伯斯比眼裡就等於是認同上

流階級，相當危險，最後阿格勒汀果然也被送上斷頭台。但也有可能反過來：路易・勒讓德原本應該在丹敦之前，要不就在之後被執刑，卻因常在晚宴抱怨丹敦的奢侈品味和生活方式而被赦免於刑。

正如你所料，革命的隆重結尾也少不了晚宴。促成革命成功的兩位主要角色分別為聯繫國王與革命兩派之間持中庸態度的不光彩貴族，米拉波伯爵奧諾雷・加百列・里克蒂（Honoré Gabriel Riqueti, Comte de Mirabeau，1749-91年），以及擔任主教和路易十六（後來又成為拿破崙、路易十八和路易－菲利普一世）顧問的夏爾・莫里斯・德・塔列蘭－佩里戈爾（Charles Maurice de Talleyrand-Périgord，1754-1838年）。在1789年攻佔巴士底獄後，路易十六更加努力防止權力完全崩解。在一場大型晚宴中，米拉波伯爵的粗魯舉止和奇怪胃口嚇壞了宮廷的婦人和侍從，之後沒多久，皇室成員在一次小型聚會上便都想拉攏米拉波伯爵到自己陣營。從歷史可以看出他們很成功，到了1790年時，米拉波伯爵一邊參與革命，一邊同時為王室和奧地利工作。因務實且帶嘲諷的陰謀手段，而被列成為歷史上最出名政治能手之一的塔列蘭，預見了不祥之兆。當米拉波伯爵打算中飽私囊，在燒毀國家和延續君主制度之間採取中間路線時，塔列蘭卻打算採較激進的態度。他們一同參加了無數次晚宴，互相掂掂對方斤兩，衡酌對方言辭，在幾經迂迴試探後塔列蘭似乎已準備好行動了。某次在羅伯特位於巴黎皇家宮殿的餐館中，與其他四名男子進行冗長的聚會後，塔列蘭熱心地提供咖啡和巧克力給米拉波伯爵幫助消化，之後米拉波伯爵便立即身亡了。

彷彿為了強調晚宴仍是掌權者用以鞏固自己影響力而舉辦的一樣，拿破崙本身就是在1795年的晚宴遇見約瑟芬・德・博阿爾內（Joséphine

對頁｜吉恩・胡貝爾（Jean Huber）的《哲學家的晚宴》（Un diner de philosophes，1772-3年）。
上圖｜模仿尚・巴蒂斯特・奧德利（Jean Baptiste Oudry）所繪巴黎上流階級晚宴的蝕刻及雕刻（1756年）。
次頁｜薩沃伊（Savoy）飯店和餐廳的廣告（約1900年）。

SAVOY
VICTORIA EMBAN
"The Hotel de L
Magnificent Rive
Bedrooms, single, from
Special Tariff during Winter.
No Gas. The buildi
Savoy R
The Fines
Private Rooms
The Opera-Supper is s
The Orchestra plays every eve
THE VICTO
Specially adapted for Balls, Banqu
The ANGLO-AMERICAN BAR & CAFE PA
Exhibition of Cigars, crops 1888, in ori
Cigars.
Chef de Cuisine: M. ESCOFFIER.
General Manage
Hildesheimer & Faulkner

HOTEL,
IENT, LONDON.
f the World."
Garden View.
double, from 10/6.
aded Electric Light everywhere.
absolutely fireproof.
taurant,
London.
nner Parties.
in the Restaurant.
luring Dinner and Supper.
ROOMS,
Iasonic and Regimental Dinners.
, entrance by Beaufort House, Strand.
Cabinets containing from 1,000 to 14,000
ble for presents.
Manager: L. ECHENARD.
RITZ.
BRITISH 14 MY 1904 MUSEUM
Designed in England. Printed in Germany

DINING ROOM (OAK SALON, HOTEL MÉTROPOLE).

de Beauharnais），這場晚宴是約瑟芬當時的情人，法蘭西督政府領袖保羅・巴拉斯（Paul Barras）為了網羅拿破崙加入反革命陣營所舉辦。後來法國在共和及君主體制之間搖擺不定，經歷恐怖統治和數十年的動盪，是否都要歸咎於這場晚宴呢？

有一個人在這些問題產生之前，就勇敢地試圖破壞晚宴的風俗。就像著名的虐待狂薩德侯爵（Marquis de Sade）就是想摧毀天主教會和一切相關事物，同樣也有個人企圖攻擊這個也將法國人禁錮於爪下的習俗。1783年時，一位名為格里莫・德拉・黑尼葉（Alexandre Balthazar Laurent Grimod de la Reynière）的律師舉辦了一場假的葬禮晚宴，將十七名賓客鎖在房內，另有三百多位旁觀者受邀至上方露台觀看。這場晚宴實際上是暴力行為，刻意營造令人不安且不愉快的感受，將賓客們扣押至早晨，才給他們吃各式食物（據說全都含有

上圖｜倫敦大都會酒店（Hotel Métropole）的橡樹廳（Oak Salon）餐廳。（1901 年）。
對頁｜黑尼葉所著《美食家年鑑》（Almanach des Gourmands，1812 年）的卷首插畫，顯示美食家的「藏書」。
次頁｜「優雅的晚餐桌擺設」，出自賽奧多・佛蘭西斯・賈瑞特（Theodore Francis Garrett）的《實用烹飪百科》（The Encyclopaedia of Practical Cookery，1892-4 年）。

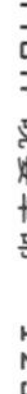

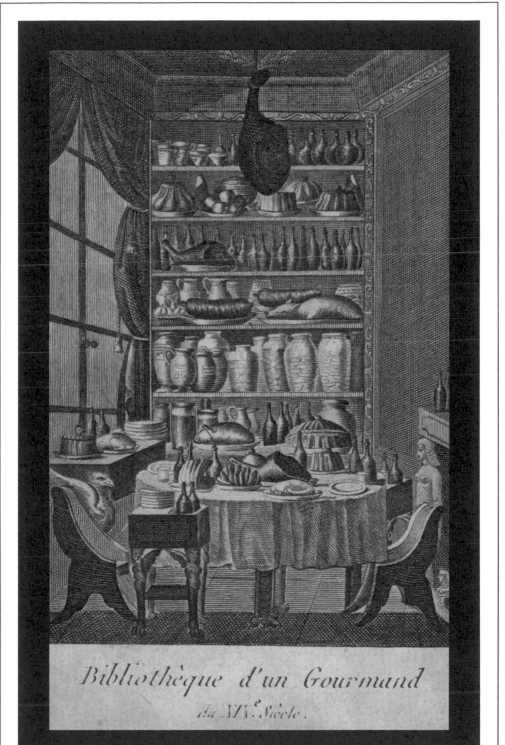

Bibliothèque d'un Gourmand

du XIX.e Siècle.

豬肉）。近兩百年後，偉大的製片家路易斯・布紐爾（Luis Buñuel）也探討不少與晚宴的暴力和墮落相關的主題，且他一心一意的態度，肯定會讓黑尼葉引以為傲。從一開始就荒謬且漏洞百出的中產階級晚宴（《中產階級拘謹的魅力》〔The Discreet Charm of the Bourgeoisie〕，1972年）、將與會者困在一棟別墅中，文明禮教也一層層的褪去，如同後法西斯主義地獄般的晚宴（《泯滅天使》〔The Exterminating Angel〕，1962年）、還有晚宴轉變為優雅的排便派對（《自由的幻影》〔The Phantom of Liberty〕，1972年）。這些都顯示，儘管場景不同，恐怖依然存在。

當然，假使當時黑尼葉更成功的話，就不會有布紐爾發揮的餘地了。但這位年輕人，當時才只有25歲，身著父親的衣物扮成豬，主持之後的派對，從這樣的噱頭，就可以看出他太過份也太心急了。人說幽默感都是隔代遺傳，他的父親就是最好的例子，替他整理好行李，把他送到鄉下，限制他不得參與革命。等到黑尼葉回來時，年紀增長，但也更世故了，看出餐館有前途，積極提倡。確實，他後來發明了餐館美食評論，四處造訪巴黎新開的餐館，認為這和革命前的特權與上流階級形成了對照。但果真如此嗎？

雖然餐館不像晚宴有那麼多令人不愉快的特質，但不可否認的，餐館也延續了許多晚宴的傳統。當你踏入一間高級餐廳，或設計舒適但乏味的連鎖餐廳時，是否會感受到彷彿回到過去，令人無法抑制的厭惡感呢？是

否就像收到韓德森[07] 晚宴邀請函的感覺呢？坐在高級餐廳裡，是你觀看別人用餐，還是旁人也正觀看著你？大家都在談話——他們是否正在談論你呢？說不定是呢。甜點推車經過，彷彿可以聽見路易十四在某處呼氣。下次，或許應該來場野餐革命。

07. Henderson 夫婦（Fergus & Margot Henderson）是英國的名廚夫婦，曾出版著作《Nose to Tail Eating》。

GARTON'S
H.P.
REGD TRADE MARK
SAUCE
FRUITS
MALT VINEGAR
H.P.

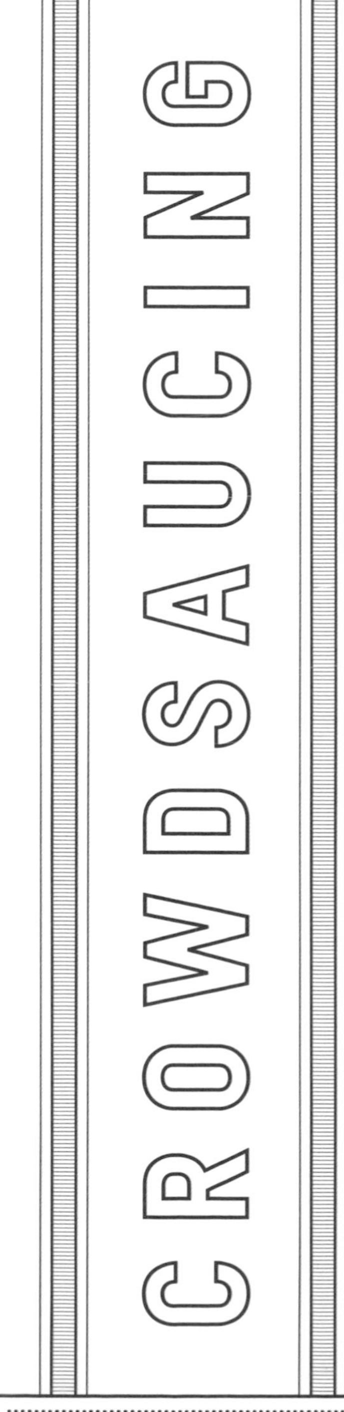

CHAPTER SIX

第六章

棕醬征服史

由化學家約翰・李和威廉・派林（LEA & PERRINS）在十九世紀末發明的伍斯特醬，始終被認為是個無心插柳的意外發現。這個故事的最新版本大致上是這樣的：山茲勳爵剛從東方帶回食譜，但依據食譜指示調配而成的醬汁卻嚐起來很難吃，因此最後就被棄置在地下室。數年之後，有天李和派林想把這幾桶丟掉時，卻驚訝的發現醬汁已熟成為大家現在所熟悉的濃稠醬汁。可以想見，大家高興極了。

像這樣無心插柳而發明的食物例子不下數十個，包括美乃滋、墨西哥代表料理巧克力辣醬（mole poblano）[01]、瑞氏花生醬杯（Reese' s Peanut Butter Cups）、洋芋片、豆腐等。這些發明故事的真實性應該都有待商榷。雖然我相信總有一天會聽到真的故事，但之所以會捏造這些故事，其實都是為了掩飾或簡化不願面對的麻煩真相。

數世紀以來，早在1837年伍斯特醬發明之前，英國人就一直深愛著麩胺酸鹽——即現在稱為「鮮味」的重口味。在幾乎整個十八世紀中，鯷魚精萃都是英國餐桌上不可或缺的佐料。身為調味品專家，偶爾也身兼詩人的喬治・戈登・諾艾爾，第六代拜倫男爵（George Gordon Noel, sixth Baron Byron）就很清楚這點，他在敘事詩《拜帕：一個威尼斯人的故事》（Beppo: A Venetian Story，1817年）當中，悲嘆在義大利度過四旬期時缺乏醬料：

> …因為他們的燉菜沒有醬料；
> 這點讓人嗤之以鼻，抱怨咒罵（這與詩歌不符），
> 出自從小就習慣
> 吃鮭魚至少也要有醬油搭配的旅行者；
>
> 因此我謹推薦「奇特的魚露」。
> 建議在越洋出國前，請求廚師、妻子或朋友，
> 走路或坐車到海邊，大量批發
> （假使在之前就已出發，
> 也可以用損失最少的方式寄送），
> 番茄醬、大豆、辣椒醋和哈維（Harvey）醬，
> 否則，天啊！四旬期簡直會讓人餓壞…

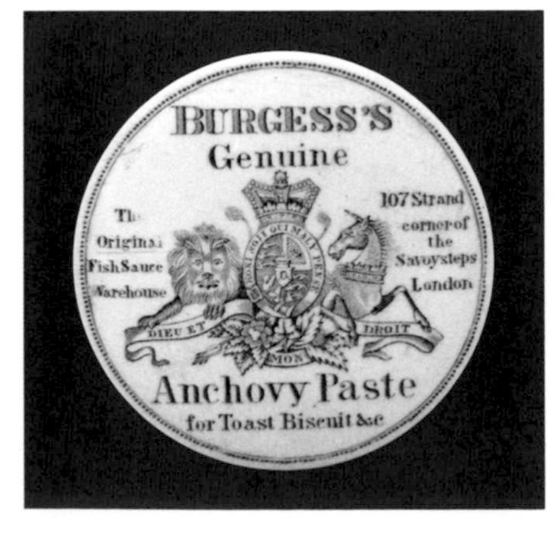

NOTICE TO VISITORS.

The only Stand
NO. 13,
IN THE CATTLE SHOW,
Where the Celebrated
NORFOLK KETCHUP,
WEST INDIAN
MANGOE CHUTNEY,
AND
CHUTNEY SAUCE,
Can be Obtained.

2187 Bottles Sold in Two Days at the Food Exhibition.

Sample Bottles, 6d. each.

WORKS:
M. YOUARD, Spencer Street, E.C.

HUXTABLE & CO., Commercial Printers, 243, Liverpool Road, N.

章節序幕 |《加油添醋的童謠》（Nursery Rhymes with a dash of sauce，約 1920 年），由米德蘭醋行編印的小冊子。
對頁 | 兩個維多利亞時代的鯷魚醬瓷蓋。
上圖 | 英國的調味品廣告（1880 年）。和東印度公司交易的商人帶回各式印度酸辣醬，沒多久就在英國廣受歡迎。

01. Mole poblano 是墨西哥墨里醬（mole）的一種，以各式香料、辣椒和巧克力調製而成，多半搭配肉類一起食用。

拜倫男爵提到的「奇特的魚露」，是出自當時四處可見的伯格斯鯷魚素（Burgess' s Essence of Anchovies）廣告。伯格斯鯷魚素是十八世紀末至十九世紀初非常普遍的調味品，與之匹敵的還有雷丁醬[02]（在路易斯・卡羅〔Lewis Carroll〕1869年所寫的詩「詩人是培養出來的，不是天生的」[03]〔Poeta Fit, Non Nascitur〕；還有朱爾・凡爾納〔Jules Verne〕1873年所寫的冒險故事《環遊世界八十天》中都有提及），以及其它當時頗受歡迎但現已被遺忘的量產魚露品牌。拜倫同時也提到大豆（當然就是指醬油，自中國和日本引進至英國的新產品）還有（蘑菇）番茄醬。現在我們已知道這些醬料在當時廣受喜愛的原因是因為富含麩胺酸鹽以及豐富的鮮味。醬油引進沒多久就很搶手，出現不少相關的家庭料理食譜。如要在家自製醬油，必須先將大豆煮熟、搗碎、製成塊狀，置入模中待乾，然後發酵釀造數個月而成：過程雖頗為繁複，但除非你能付得起昂貴的進口價格在「吃鮭魚時至少也要有醬油搭配」，否則也別無選擇。這份食譜在十九世紀初的前十年，不但再刷而且快速流傳，顯示當時對最新的麩胺酸鹽成癮，且很快就發展成大流行。

大豆和伍斯特醬有什麼關聯呢？據認為至少自十九世紀中以來，醬油就一直是伍斯特醬的祕密原料之一，這點似乎在2009年得到證實，一名李派林醬的會計員在大垃圾箱中撿到一份早期食譜。英國的伍斯特醬主要是由兩種最受歡迎的醬料原料，大豆和鯷魚，以及其它香料和原料所調配而成，這樣一講，感覺也不像最初看來那麼奇特了。舉例來說，在日本，將醬油和其他液體混合，製成另一種調味料的作法已經行之有年了：日式醬油露（tsuyu，添加魚高湯、米酒和調味料，當做沾麵醬）、柑橘醬油（ponzu shoyu，添加柑橘類的柚子作為基底）以及佐料醬汁（warishita，混合鹽、糖和大豆，搭配sukiyaki牛肉壽喜燒吃的醬汁）全都是遵循此原則。在英國，安・夏克佛德（Ann Shackleford）所寫的《現代烹飪藝術》（Modern Art of Cookery，1767年）中，有一則食譜就提到，原始的伍斯特醬是由蘑菇醬所組成的：以醃核桃、大蒜、鯷魚、辣根和辣椒粉發酵一週製成。伍斯特醬或許有可能是依據前孟加拉總督（但究竟是誰已不可考）山茲勳爵的指示調配，然後又不小心被放在地下室熟成，直到後來神奇地躍升為

對頁｜戈登 & 迪爾沃蕃茄醬（Gordon & Dilworth Tomato Catsup）的廣告卡（1881 年）。
次頁左圖｜關於醬料的廣泛說明，出自漢娜・葛雷斯（Hannah Glasse）的《簡易烹飪藝術》（1747 年）。
次頁右圖｜醬料、醃黃瓜和瓶裝水果。出自比頓夫人的《比頓夫人的家務管理書》（1892 年）。

02. 雷丁醬是以洋蔥、香料和香草製成，味道近似伍斯特醬的一種調味醬。因於十九世紀出產於英國小鎮雷丁（Reading）而得名。
03. 路易斯・卡羅的詩「詩人是培養出來的，不是天生的」（Poeta Fit, Non Nascitur 或 Poets are Made, not Born），是源自於拉丁文古諺「詩人是天生的，不是培養出來的」（Poeta nascitur, non fit 或 Poets are born, not made），但卡羅刻意將兩者對調，表示詩人也可以是後天培育出來的。

GORDON & DILWORTH.
NEW PROCESS
GORDON & DILWORTH
TOMATO CATSUP
NEW YORK
See other side.
TOMATO CATSUP.

THE

Art of Cookery,

MADE

PLAIN and EASY;

Which far exceeds any Thing of the Kind ever yet publiſhed.

CONTAINING,

I. Of Roaſting, Boiling, &c.
II. Of Made-Diſhes.
III. Read this Chapter, and you will find how Expenſive a *French* Cook's Sauce is.
IV. To make a Number of pretty little Diſhes fit for a Supper, or Side-Diſh, and little Corner-Diſhes for a great Table; and the reſt you have in the Chapter for *Lent*.
V. To dreſs Fiſh.
VI. Of Soops and Broths.
VII. Of Puddings.
VIII. Of Pies.
IX. For a Faſt-Dinner, a Number of good Diſhes, which you may make uſe of for a Table at any other Time.
X. Directions for the Sick.
XI. For Captains of Ships.
XII. Of Hog's Puddings, Sauſages, &c.
XIII. To Pot and Make Hams, &c.
XIV. Of Pickling.
XV. Of Making Cakes, &c.
XVI. Of Cheeſecakes, Creams, Jellies, Whip Syllabubs, &c.
XVII. Of Made Wines, Brewing, *French* Bread, Muffins, &c.
XVIII. Jarring Cherries, and Preſerves, &c.
XIX. To Make Anchovies, Vermicella, Catchup, Vinegar, and to keep Artichokes, French-Beans, &c.
XX. Of Diſtilling.
XXI. How to Market, and the Seaſons of the Year for Butcher's Meat, Poultry, Fiſh, Herbs, Roots, &c. and Fruit.
XXII. A certain Cure for the Bite of a Mad Dog. By Dr. *Mead*.
XXIII. A Receipt to keep clear from Buggs.

By a LADY.

The SECOND EDITION.

LONDON:

Printed for the AUTHOR, and ſold at Mrs. *Wharton*'s Toy-Shop, the *Bluecoat-Boy*, near the *Royal-Exchange*; at Mrs. *Aſhburn*'s China-Shop, the Corner of *Fleet-Ditch*; at Mrs. *Condall*'s Toy-Shop, the *King's Head and Parrot*, in *Holborn*; at Mr. *Underwood*'s Toy-Shop, near St. *James's-Gate*; and at moſt Market-Towns in *England*.

M.DCC.XLVII.

[*Price* 3 s. 6 d. *ſtitch'd, and* 5 s. *bound.*]

SAUCES, PICKLES AND BOTTLED FRUIT.

STORE SAUCES, VARIOUS PICKLES AND BOTTLED FRUITS FOR TARTS AND COMPÔTES.

A SLIGHT SHAKE BEFORE PULLING THE CORK, IS AN IMPROVEMENT.
SOLD
TO HER MAJESTY 21 SOHO SQ.
WHOLESALE AND FOR EXPORTATION BY MESSRS
CROSSE & BLACKWELL SOLE AGENTS & PURVEYORS
AS
Lee
SOYER'S SAUCE.
Sold only in the above bottles, holding half-a-pint.
PRICE 2s. 6d.

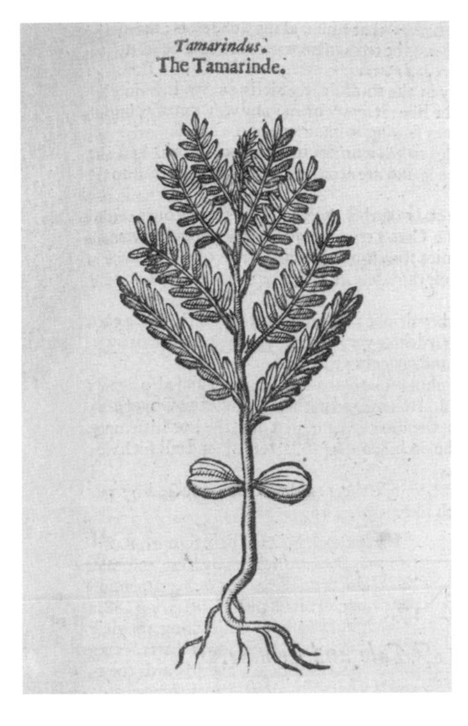

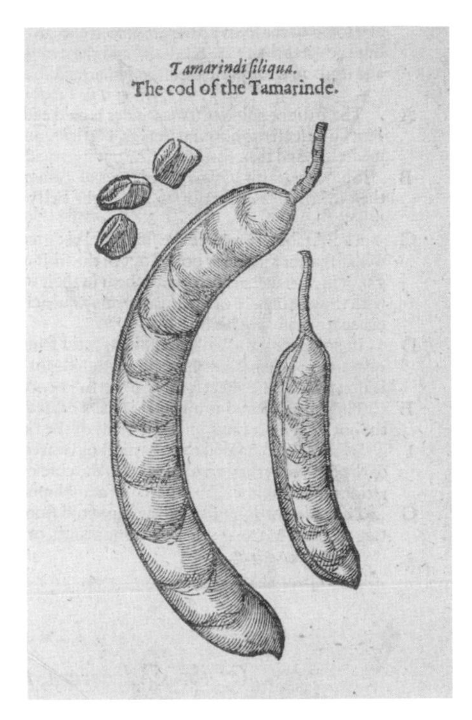

全球最最知名的調味料之一，但這些都不重要。真正重要的是伍斯特醬歷經艱苦的醬料之戰，打敗伯格斯、雷丁醬，還有早期的蕃茄、核桃和蘑菇醬，才贏得它的獨特地位。

伍斯特醬不只嚐起來複雜；確實也真的是複雜。除了魚和醬油兩種本身就是調味料之外，其它成份綜合起來也組成第三種祕密醬汁，類似早期的印度咖哩。這第三種醬，表面上是輔助香料，但它可能才是真正的基底——這與山茲勳爵的起源說法不同。這些原料——糖蜜、洋蔥、鹽巴、羅望子果和辣椒，可以組成相當具有代表性的早期印度咖哩基底，在亞洲已風行數世紀之久。神話般的山茲勳爵和他那長期受苦的妻子山茲勳爵夫人，或許在亞洲各地四處閒晃時，確實有見到這樣的醬料。為搭配米飯而調製的各式各樣獨創調味醬料在亞洲已盛行千年，其中，羅望子果，一種

對頁｜索耶醬（Soyer' s Sauce，1849 年）。
左圖｜在伍斯特醬發明之前的李派林醬化學家和藥劑師（Lea & Perrins Chemists and Druggists）廣告（約 1830 年）。兩人最早是 1837 年時，在寬街（Broad Street）店面後方製造這款醬。
上圖｜羅望子果，出自約翰・杰勒德（John Gerard）的《植物的藥用或一般歷史》（The Herball or Generall historie of plantes，1633 年）。

多年前自非洲引進的酸味果樹，往往是關鍵原料。事實上，一個較古老（約1888年）版本的伍斯特醬發源傳說，就曾提到山茲勳爵夫人因為很想念在東方（先暫且不論咖哩粉是英國人發明的事實）吃慣的「咖哩粉」，一位友人便熱心提供她食譜，加進液體後就成了李派林伍斯特醬了。不管多麼偶然，或許這些軼聞還真的有那麼一絲準確性呢。

這三種亞洲醬料：魚露（曾在羅馬時代的歐洲出現過，但自從黑暗時代後就沒有了，一直到最近才又自亞洲進口）、醬油（最早自中國，後來自日本進口）和以羅望子果為基底的咖哩醬，或許並非如李派林希望我們相信的那樣一起抵達，但肯定是一同離開亞洲的。由於李派林的徹底行銷，產品又適合長期海上旅行使用，因此在十九世紀航海時代時，開往每一個港口的每一艘船上都有它的蹤跡。李派林醬聰明地確保每艘英國遠洋輪船上都有他們的醬，並提供服務生獎勵，請他們提供每位客人伍斯特醬。遠洋航程實在是太久了，食物又過於平淡，難怪全球有半數的人下船時，都吃慣伍斯特醬的口味了，說不定手上還緊握著一罐伍斯特醬打算帶回家呢。伍斯特醬是第一個經由病毒式行銷遍及全世界的食物。英國人和其船隻航行到哪，哪裡就有伍斯特醬。但如果這款醬讓所有食物嚐起來都一樣怎麼辦？重點是全世界的人都認識了這個古怪的醬料，而且從此完全改變了，大家的口味又更接近了些。現在

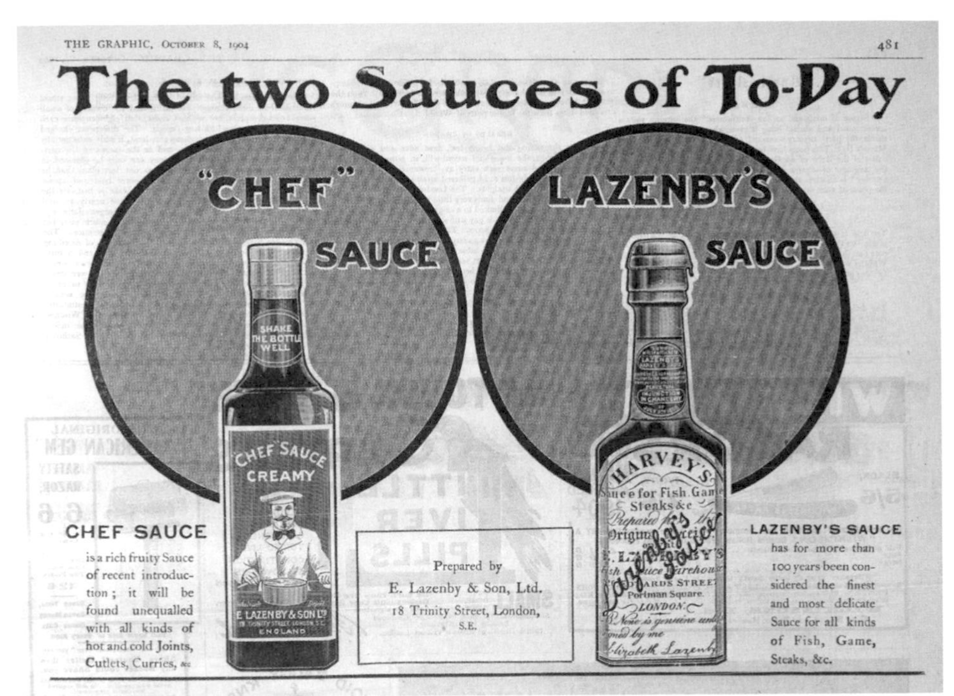

網路可以集結大家的意見，身處在吉隆坡、布里斯托和利馬的人們，可以一同討厭小賈斯汀，或爭論同樣一件（金色和白色的）洋裝[04]。但在十九世紀，能這麼廣為人知，實在是革命性的創舉。

雖然伍斯特醬很受歡迎，但因為是液狀，在某些狀況下並不適用。約在十九世紀與二十世紀之交時，有人想出了一個聰明的辦法，將第三種羅望子果的醬調製成一款濃稠的棕醬：以番茄取代魚露和醬油作為基底，同時依然保有「鮮味」（蕃茄是天然麩胺酸鹽來源最豐富的蔬菜之一）。於是，HP醬就誕生了。有趣的是，儘管HP醬缺少了好幾種伍斯特醬的招

對頁 | 李派林的廣告卡（約 1905 年）。
最上圖 | 「主廚」醬和萊珍比醬（Lazenby' s Sauce）的廣告，出自 1904 年 10 月 8 日的《畫報》週報。
上圖 | 約克夏調味品（Yorkshire Relish）的廣告，出自 1904 年 10 月 8 日的《畫報》週報。

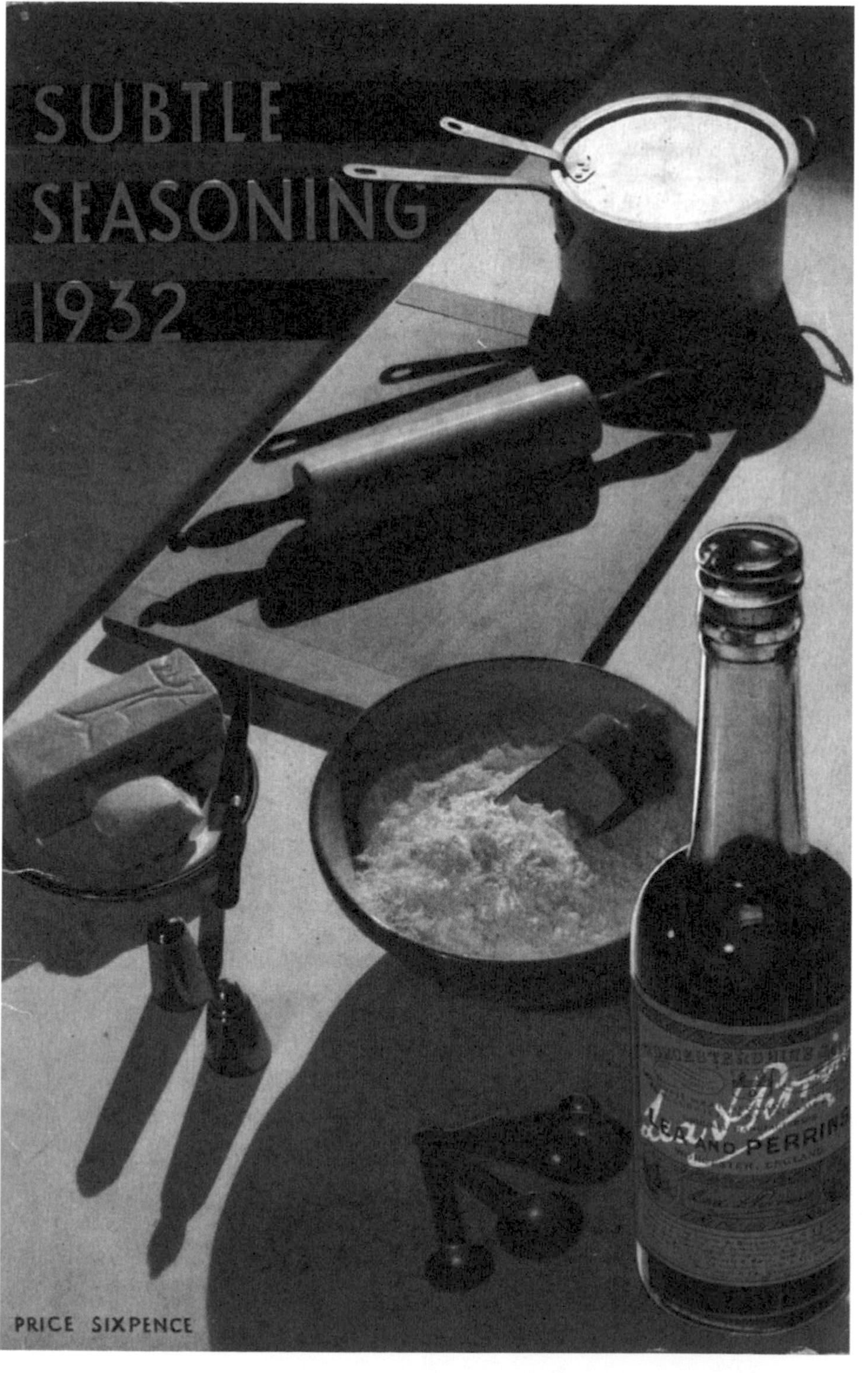
SUBTLE
SEASONING
1932
PRICE SIXPENCE

牌成份，並且在用途、外觀和黏度上也都大不相同，但大家卻一直將兩者並提，彷彿能憑直覺看出在奇怪的偽裝之下，其實具有同根同源的相似之處。兩者的關係究竟為何？HP醬到底是伍斯特醬的父母子女，還是手足後代呢？

若說HP醬也是偶然發明的，也沒什麼好令人驚訝的。據說米德蘭醋行的老闆埃德溫・山姆森・莫爾（Edwin Samson Moore），在1903年從佛萊德瑞克・吉布森・蓋爾頓（Frederick Gibson Garton）取得了食譜，蓋爾頓大約在1895年起就以「蓋爾頓HP醬」之名在販售這款商品。雖然身為全球最大醋廠的老闆，但莫爾卻親自登門拜訪收取150英鎊的費用，結果恰巧聞到後面房間傳來一陣烹煮醬料的香氣。他被吸引住了，以食譜作為交換，讓蓋爾頓免除債務。據說HP醬名字的典故，是因為蓋爾頓聽說這款醬在國會大廈（Houses of Parliament）[05] 很受歡迎而命名。在HP醬普及世界後，各地也都出現棕醬[06] 的蹤跡：在美國有A-1牛排醬，即（可惜）未經改良的HP醬前身；在愛爾蘭稱作主廚醬（Chef Sauce）；哥斯大黎加有令人讚嘆的利札諾醬（Salsa Lizano）；而在澳洲和其它地區則是以各式燒烤醬的形式呈現。

對頁｜李派林醬食譜《微妙的調味料》（Subtle Seasoning，1932）的封面。
上圖｜HP醬廣告，出自《好管家雜誌》，1934年七月份。
次頁｜李派林醬廣告，出自《畫報》週報，1904年10月8日。

04. 2015年的洋裝事件，源自蘇格蘭婚禮歌手麥奈爾將一張洋裝照片po在Tumblr，引發逾3600萬人激辯它究竟是什麼顏色。
05. 國會大廈的原文「Houses of Parliament」縮寫為HP。
06. 棕醬是一種在麥醋中添加水果和香料成份的醬，適合搭配鹹味料理，有各式品牌，其中最著名的就是HP醬。

在十九世紀中時，日本明治天皇恢復權威。在眾多革新之中，也包括了接受西方的影響和想法。無可避免的，其中一定會有與食物相關的影響，各式各樣的西方食物產品和飲食概念引進日本。據說其中一樣就是炸豬排（tonkatsu），而與之齊名的豬排醬正是醋含量較少的HP醬。

炸豬排是在明治維新時期，由歐洲（經由愛吃炸肉排的奧地利人？）傳至日本的這個說法，我認為或許有些誇大，因為這道菜的名字是以漢字（kanji，源自於中文的字），而非主要用於外來語的片假名（katakana）書寫。況且日本原本就有在吃沾裹麵衣油炸的肉類，因此不需要歐洲人插手，日本人應該也能想出如何將豬肉裹麵衣油炸。炸豬排醬汁廣受歡迎，不只限於豬排，連蔬菜煎餅、湯品、燉菜、麵條，還有甚至米飯料理都大量使用豬排醬。大家會爭論哪個牌子最好吃，是否值得自己製作醬汁。最受歡迎的品牌稱為英國鬥犬（Bulldog），如此命名是希望讓人聯想到英國和異國感。

於是這款以羅望子果為基底的醬料，在做為伍斯特醬的多種周邊成份隱藏近百年後，繞了世界半圈又以亞洲醬料進口回英國，最後竟然再以英國醬料進口至亞洲，只為了澆淋在飯上。這是一個棕醬來回往返的故事。

Perrins
ORIGINAL WORCESTERSHIRE

CHAPTER SEVEN
第七章

可可爭奪戰

CACAO & CONFLICT

巧克力的多重角色實在很令人迷惑。早在最古老（約西元前1200年至400年間）的墨西哥文明奧爾梅克（Olmec）時期，就懂得將可可豆發酵壓碎後，製成濃醇且脂肪含量高的飲料。馬雅人又進一步將此技術精進，把研磨過的可可豆製成冷熱飲，甚至搭配香草、辣椒和胭脂樹紅，增添色澤風味。可可豆也曾被當作貨幣、用於血祭以及提供給戰士作為提神飲料。千年來，人們大肆爭奪、交易、囤積、買進、賣出、行銷、渴望和食用可可豆。孩子伸出骯髒小手向我討的這顆巧克力糖，看似如此無害，怎可能締造那厲害的傳說呢？又哪裡想得到這麼普遍的糖果，竟會受到殘忍的國王、主教和梅迪奇家族（Medicis）[01] 的青睞呢？

可可豆本身既是食物，同時又含有興奮劑，因此在新大陸地位獨特：除了極需的脂肪，還含有咖啡因以及較溫和的興奮劑可可鹼。高價值、易運送、耐久放和受歡迎，都讓可可豆成為馬雅帝國的貨幣首選。當其它國家都在大費周章鑄造金銀幣用於家畜交易時（多少隻雞能換一隻豬？要如何才能把半隻牛帶回家？），馬雅人則扛著一袋袋的豆子在進行商品和服務交易。你能想見這些豆子會引發什麼問題嗎？這就好比用灑滿古柯鹼的洋芋片來當貨幣，而且這貨幣還可以自樹上的莢果隨意摘取，何況可可豆還更加美味呢。這樣會出什麼問題呢？原本可可豆在馬雅土地生長順利，沒有被囤積時，多數居民還能固定享用可可飲料。儘管馬雅愛好平等與和平的天性有被誇大之嫌，但和同時期其他文明比起來，確實是特別具前瞻性且友善的民族。然而後來因人口過剩，再加上旱災及土地管理不良，破壞了馬雅帝國的秩序，使得可可豆首度在歷史上成了混亂的根源。

馬雅帝國就和多數帝國一樣，是由小型王國、城市和團體所組成的。雖然位於西方世界最不宜人的土地上，但先進的科學成就、組織和戲劇才能（以墨西哥猶加敦半島〔Yucatán Peninsula〕上的契琴伊薩古城〔Chichen Itza〕為例）依然為他們帶來了成功。雖然風光明媚，但自瓜地馬拉沿著猶加敦半島往北分佈的雨林，以土壤貧瘠和降雨不規則聞名。隨著馬雅帝國的規模和人口密度增加，對於玉米的依賴和農地的需求也愈來愈高。馬雅的建築工程釋出了農地，卻消滅了大片的森林，造成氣溫上升，雨量減少。當時的人們是否為了趕進度砍樹和建造寺廟，而食用過量的可可豆提神呢？還是因飢荒造成邊界的補給品被掠奪，他們便開始爭奪可可豆？可可豆和酒一樣，雖然未必直接引發暴力和爭執，卻會使情況加劇惡化，故影響往往不是很明確，或者慢慢才會逐漸浮現。因此，當馬雅人處於瀕臨饑荒的狀態，可可豆也成為社會動盪的亂源之一，引發暴力，最後導致真正災難性的毀滅。如今走過殘留的廢墟時，甚至還能觀察到未竣工的建築工程，在可可豆加劇並引爆的這個革命時，就被廢棄停建了，由此可見當初繁榮興盛的帝國崩解速度之快。不知他們是否察覺可可豆正是毀滅的種子呢？

在帝國衰亡之後，生活很快的又回到常軌。大家也能平均分配到適量的可可豆。可可飲既醒神、飽足又滋補，但馬雅人不加糖飲用，和現今我們所喝的巧克力牛奶或熱可可相差

章節序幕｜埃爾南 · 科爾特斯（Hernan Cortes）登陸墨西哥，1519 年。彩飾畫，十六世紀。
對頁圖｜馬雅花瓶上描繪一名統治者，隔著一碗可可豆，對著下跪的隨從說話。
上圖｜四名天神割破耳朵，讓血液流進可可豆莢。馬德里手稿（Madrid Codex，約 900-1500 年）。

01. 梅迪奇家族是 13 至 17 世紀期間的義大利名門望族。

甚遠。二十世紀時，開始將可可脂和可可粉分離，只在製造固體巧克力甜點時才保留可可脂，飲用的可可當中則不含可可脂。馬雅人的飲法是使用整顆可可豆，因此說可以只靠可可豆維生其實一點也不誇張。同時馬雅人也依然繼續將可可豆當作貨幣使用。十五世紀初，阿茲提克帝國在馬雅西方、墨西哥中部地區形成後，馬雅也與之交易可可豆。儘管沒有紀錄顯示馬雅人試圖破壞阿茲提克帝國，但他們對於可可豆的力量並非完全未察覺：掌管商人和可可豆的馬雅神祉Ek Chuaj，過去總是被描繪成帶著一袋商品的老人，但大約在這個時期，祂的畫像開始出現蠍子尾巴和死神尖刺等形象。

在阿茲提克，因為可可豆有賴進口較為昂貴，因此依然只能少量分發給貴族，而人口不斷成長的平民卻只能靠玉米勉強糊口。埃爾南・科爾特斯（Hernán Cortés，1485-1587年）於1519年抵達，看起來就像肌膚雪白且蓄有鬍子的神祉雨蛇神（Quetzalcoatl），當時富裕的阿茲提克人攝取了不少脂肪和興奮劑，而一般平民（倘若沒有在飲用可可的獻祭中被吃掉的話）還必須在酷熱的環境下努力生存。看來這絕不是驅逐侵略者的好策略。

十六世紀時，巧克力被征服者[02]

前頁｜可可豆。出自湯瑪士・史丹福・萊佛士爵士（Sir Thomas Stamford Raffles，約1824年）的收藏。
上圖｜位於前哥倫布時期馬雅圍城土魯母（Tulum）的城堡。佛萊德烈・卡特伍德（Frederick Catherwood），《中美洲、嘉帕斯及猶卡坦的古代遺跡》（Views of Ancient Monuments in Central America, Chiapas and Yucatan，1844年）。

02. 原文為conquistadors，西班牙語，在此是指十六世紀征服祕魯、墨西哥等中美地區的西班牙人。

帶回西班牙後，立刻就受到貴族們的歡迎，且逐漸流傳至歐洲各地。到了十七世紀上半時，在法國、義大利、英國和荷蘭都喝得到巧克力。黎胥留樞機主教（1585-1642年）視其為最愛，甚至宣稱自己是第一個嚐試這款新飲料的法國人。在新大陸，耶穌會會士將可可豆的種植引進至進步的「耶穌會傳教區」[03]，這是他們在巴拉圭所創建的保護區，旨在使原住民改信天主教，但還是讓他們保有原本的文化和語言。傳教區有種植生產可可豆供貿易（並掩飾耶穌會毒藥的酸味）。黎胥留樞機主教於1642年疏遠烏爾班八世，又罹患連學者都講不出病名（我建議他們應該檢查一下他喝熱可可的杯子）的疾病。事實上，在他久病過世之後，同樣也是巧克力愛好者的馬薩林樞機主教，便僱用自己的私人專屬巧克力師傅，以防自己也成了毒藥的受害者。繼耶穌會在1767年被逐出巴拉圭之後，教宗克萊蒙

上圖｜製作巧克力。約翰・奧格爾比（John Ogilby），《美洲：新大陸最新且精準的描繪》（America: being the latest and most accurate description of the New World，1671年）。
次頁｜柯潘（Copan）的神像，出自佛萊德烈・卡特伍德（Frederck Catherwood）的《中美洲的古代遺跡》（Views of Ancient Monuments，1844年）。
第152-3頁｜《波旁尼克手抄本》（Codex Borbonicus，約1507-22年）的Ek Chuaj神。出自1899年的摹本。

03. Jesuit reduction 是指十七、十八世紀時，耶穌會在南美洲為當地原住民所建的保護區。

los q aquy: nacian

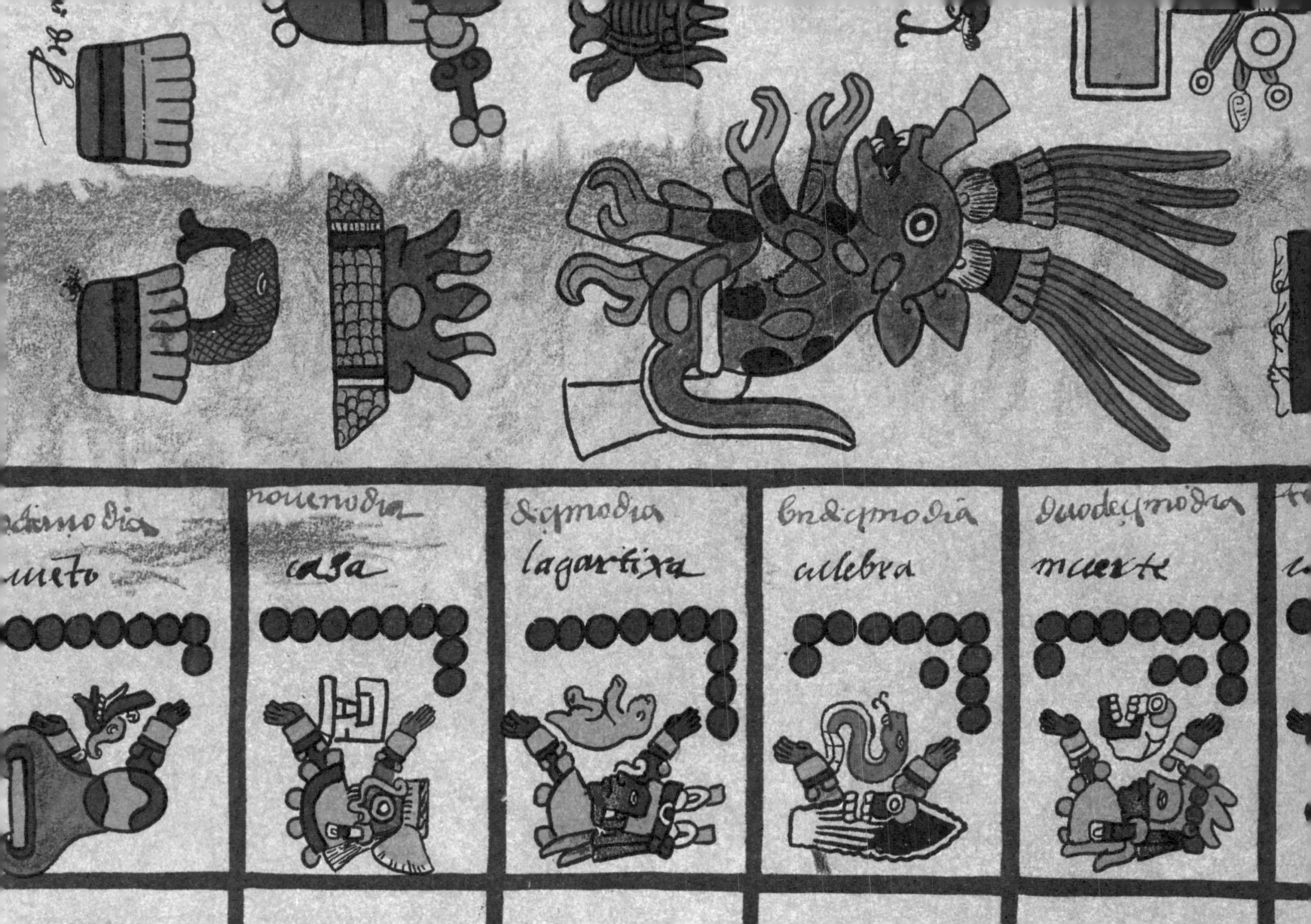
noueno dia
casa
Deçimo dia
lagartixa
Undeçimo dia
culebra
Duodeçimo dia
muerte

十四世（Pope Clement XIV）因擔心耶穌會的權力愈來愈大，於1773年將之廢除。隔年教宗克萊蒙就突然死於不知明的神祕疾病。儘管在歷史上和文學作品中，往往都怪罪耶穌會為了報復而毒害教宗，但他對巧克力不變的熱愛，卻一直指引著我們真相。

1649年時於英國，護國公奧利佛・克倫威爾（Oliver Cromwell）在將查理一世處決後（此次弒君行為顯然與巧克力無關），受到國人熱愛巧克力的影響而向西班牙開戰。克倫威爾因權宜而與法國結盟，攻擊西班牙位於加勒比海的屬地。1655年時，賓夕維尼亞州（恰巧也是賀時巧克力〔Hershey Chocolate Company〕未來的所在地）的開創者威廉・賓恩（William Penn），領軍對防禦不足的牙買加進行兩棲突擊，意圖攻佔牙買加領土以及境內六十座可可農場。在當時，可可是牙買加的主要作物，原本受西班牙掌控，但英國使牙買加擺脫西班牙，並於1660年英西戰爭（Anglo-Spanish War）末期，一躍成為經濟強國。

沒多久英國人也為巧克力瘋狂：巧克力館在哈克尼（Hackney）像雨後春筍一樣一間間開張，就像潮人酒吧一樣。塞繆爾・皮普斯在1661年4月24日的日記中提到他早餐喝了可可，因為有人推薦這可以解酒，讓腸胃舒服些。通常可可會加糖，與水調和，熱熱的喝，還可以添加胡椒、丁香和大茴香等香料，沒多久可可就和咖啡一樣受歡迎了。西班牙人和法國人視可可為專供上流階層享用的奢侈品，

但英國人卻將可可推廣普及至一般店家和咖啡店，任何人都可以購買（還是要負擔得起才能購買，畢竟可可還是比茶貴兩倍，比咖啡貴四倍）。在巧克力館和咖啡館難免會有爭端和不少賭博事件，但並非多嚴重的混亂。掌控加勒比海的蔗糖和可可供應源後，英國便躍升全球第一大貿易國和巧克力飲用國。

英國的收穫就是西班牙的損失。西班牙依然繼續大量享用巧克力，也仍然堅持以極端不均的方式分配巧克力，最終導致西班牙帝國的黃金年代結束。因巧克力昏頭的貴族不停開出支票，缺乏巧克力的一般軍人根本無法兌現。荷蘭獨立後，立刻在加勒比海，經由古拉索（Curaçao）建立了可可貿易路線。一旦穩定後，他們也遵循英國的模式，讓巧克力普及鋪貨至咖啡店，而非積藏起來只供上流階層享用。畢竟荷蘭人才剛脫離西班牙統治，也切身見識到了巧克力分配不均的危險後果。

1658年，克倫威爾因不尋常的惡性瘧疾過世，還有出現尿道和腎臟併發症。諷刺的是，巧克力普遍被認為能治療尿道和腎臟疾病，不過身為清教徒的克倫威爾很可能並沒有吃巧克力（畢竟這個人還曾經下令禁止食用

對頁左圖｜海神波塞頓（Poseidon）將巧克力自墨西哥帶至歐洲。安東尼奧・柯梅雷諾・德・萊德斯瑪（Antonio Colmenero de Ledesma） 的《Chocolate Inda》(1644 年)。
對頁右圖｜受到咖啡和巧克力助長的「咖啡館聚眾」（十七世紀）。
上圖｜一間倫敦咖啡館。無名氏繪（約 1690-1700 年）。

聖誕布丁）。克倫威爾是否心軟了，而導致他的巧克力「療法」被下毒呢？只可惜他的屍體於1661年遭掘出戮屍時，並未仔細檢查。無論如何，儘管有克倫威爾，荷蘭人和英國人仍暫時壓制了巧克力的危險，直到十八世紀末，都很少發生與巧克力有關的暴力事件。但接下來，一切都陷入混亂了。

在1648年英西／法西戰爭發生的同時，法國也發動革命試圖推翻貴族。民眾發起一連串的起義反抗，被稱為投石黨亂（當時馬薩林樞機主教的支持者用投石器投擲石頭至窗外，故此名，但馬薩林樞機主教當時恐怕正在享受早晨的一杯可可飲吧），不但未能推翻制度，反而到頭來還讓君主更加堅定對極權主義的決心。各式革命元素相互抵觸，因此從未突破臨界點，無法戰勝當時的政府，只是徒增噪音和混亂罷了。差點因濫用巧克力得到報應，但還是逃過一劫的法國貴族階層，不但變得更傲慢，又更變本加厲。一本十七世紀末相當受歡迎、專為富人寫的食譜書中，收錄了用巧克力燉煮的野鴨食譜，就好似在對法國平民說「當你們慢慢餓死時，我們不但大肆享用可可飲料，而且喝不下還拿來燉煮可愛的小鴨子。」當時的上流階級甚至還時興用巧克力防性病，給妻子或情婦吃巧克力，除了能點燃她的熱情，還能免除性病。顯然民眾的忍耐已到極限，革命即將一觸即發。只是沒想到，北美洲竟是第一個爆發地點。

十八世紀初期，法國人曾試圖在密西西比州和路易西安那州種植可可樹，但未能成功。因此美國殖民地只能仰賴和英國交易可可來解癮。十八世紀中，美國人愛上了喝巧克力。身兼發明家、印刷商和軍事家的班傑明・富蘭克林，也打算好好利用可可豆助長好戰的能力。英法北美戰爭（French and Indian War，1754-63年）與英法兩國的七年戰爭（Seven Years' War，1755-64年）發生在同時期，當時的指揮官富蘭克林確保布雷多克將軍（General Braddock）軍隊的每一位軍官都有六英鎊的巧克力可享用。

沒多久，殖民地（特別是馬瑟諸塞州）便開始醞釀反英暴動，就只差最後衝刺而已。終於在1765年時，於多徹斯特的尼龐西特河，相當於現今波士頓境內，建造了貝克巧克力廠（Baker Chocolate factory）。這家工廠為殖民者所生產

前頁左圖｜路易斯・梅倫德斯（Luis Melendez），《巧克力和糕點靜物畫》（Still life with chocolate and pastries，1770年）。
前頁右圖｜尚・伊恬・利奧塔（Jean Etienne Liotard），《巧克力職人》（La Chocolatière，約1745年）。
對頁｜麵包店的巧克力廣告（約1924年）。
次頁左圖｜吉百利巧克力（Cadbury' s Cocoa，約1885年）的廣告卡。
次頁右圖｜福萊巧克力（Fry' s Cocoa）廣告，《星球報》（約1910年）。

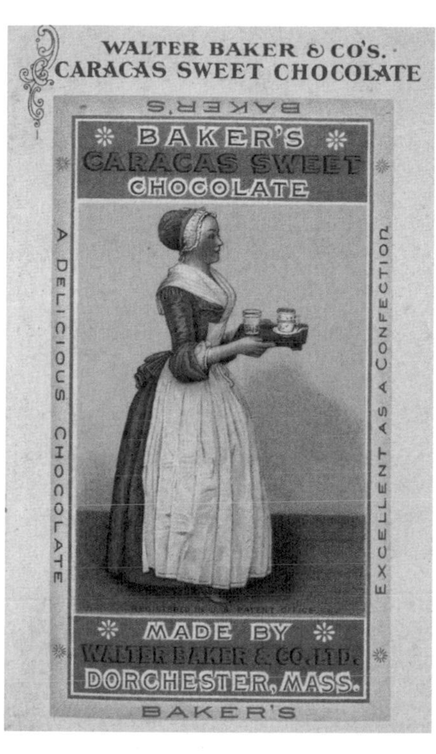

FAC-SIMILE 1/4 LB. PACKAGE.

FAC-SIMILE OF 1/2 LB. PACKAGE.

FAC-SIMILE OF 1/2 LB. CAN.

CADBURY'S

COCOA

ABSOLUTELY PURE.

CADBURY'S COCOA

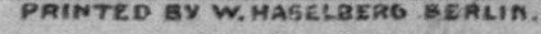

Fry's
PURE
CONCENTRATED
Cocoa

300
Gold Medals
& Diplomas

"SUSTAINING AND INVIGORATING"

Fry's Milk Chocolate

的巧克力蛋糕，超出這動盪的城市所能負荷。在接下來的十一年裡，首先發生了波士頓大屠殺（Boston Massacre，1770年），以及緊接著的暴動，波士頓傾茶事件（Boston Tea Party，1773年），大量的茶葉被熱愛巧克力的掠奪者倒入波士頓港（Boston Harbour），最後則是在鄰近的列星頓（Lexington）發生美國革命（American Revolution，1775年）。大陸會議（Continental Congress）實施價格控管，讓革命者負擔得起巧克力價格，並規定自馬瑟諸塞州出口巧克力違法，因為巧克力要留作軍隊使用。自從1428年阿茲提克帝國擊敗特帕奈哥（Tepanec）並鞏固政權後，巧克力才開始在戰爭中扮演如此關鍵的角色。

英國人因過於留意巧克力對自己國家的影響，而疏於監管巧克力在國外的使用。不過再沒多久，他們就會開始關注法國的大規模混亂，而無暇顧及大洋洲另一端的狀況。儘管法國革命和美國革命都是受「巧克力必須人人均享」所啟發，也同樣都是被慢慢醞釀的歐洲啟蒙時代所影響，但最終兩者的過程卻大相逕庭。美國革命（1765-83年）是一個較為獨立的事件，之後經歷一段國家復原建設時期；法國大革命（1789-9年）卻是一個動亂接著一個，總共持續二十五年

上圖｜凡荷登可可（van Houten' s Cocoa）的廣告，《畫報》週報，1904年。
對頁圖｜吉百利牛奶巧克力（1928年）。
次右頁圖｜能得利牛奶巧克力，《閒談者》，1928年2月1日。

之久。相較於美國革命，法國大革命更為暴力、更為漸進、也更具意識形態，並且摧毀了君主政體，甚至在1815年拿破崙時代結束後，法國大革命的理想更遍及全歐，最後造成十九世紀巧克力在生產上的巨大變革。

維也納會議於1814年至1815年間

舉行，旨在解決因法國大革命引起、重創歐洲的暴力問題。國界被劃定了又重劃，被瓜分的比利時，負責研發美味但能調解暴力的巧克力。新的協定、邊界，和對於歐洲完整性的更深層了解，都展現在1832年發明的這款既有益又華麗的維也納巧克力蛋糕，稱作薩赫蛋糕（Sachertorte），就像上帝在洪水後賜予的彩虹一般，只不過更為香甜美味。英國、荷蘭和瑞士皆遵循維也納會議的重要步驟，希望能消弭這由巧克力引起、掌控西方世界數世紀之久的暴力。

吉百利、亨特利&帕瑪爾（Huntley & Palmers）、克拉可（Clark' s）以及福萊（Fry' s）等英國巧克力製造商，全都是在維也納會議後十年內，由貴格會教徒（Quakers）所創立。為了遏止可可貿易背後的奴隸制度，以及爭奪巧克力引起的暴力，這些甜點商們就製作工序上進行研發（包括1847年發明的塊狀巧克力在內）成功地減少了可可豆造成的混亂。只可惜貴格會教徒現已不是負責人，也沒有人出面對抗二十一世紀非洲可可交易背後普遍存在的殘酷童工問題了。

1828年時，荷蘭巧克力商康瑞・凡・荷登（Conrad van Houten）研發了一個能分離可可粉和可可油的方法，之後他的同胞又進一步改善這道程序，以鹼處理可可原料，或稱「Dutching」，讓可可粉嚐起來更溫和。有了這道分離手續，現代的巧克力飲才和之前的巧克力飲有了明顯差異。中立國瑞士則是採用「精煉」（conching）的作法，將巧克力來回攪拌揉滾，直到巧克力呈現滑順均勻的口感，讓百分之八十的揮發性香氣化合物（和濕氣）能揮發。這些工業上的演進，造就了現今風行全球的香甜牛奶巧克力。在製造過程中，時間和溫度的增加也會活化其他風味，使得商業製造出來的巧克力，無論是在化學上還是味覺上，都與之前的巧克力不同。

雖然在兩次世界大戰中，軍人上戰場都會攜帶塊狀巧克力，但其實真正的目的是為了要提神、振奮人心、也具有象徵意義，而不是為了引發暴力。很巧妙的是，二次世界大戰時，為了讓軍隊驍勇善戰並保持警覺而廣發給德軍的安非他命，也被德國裝甲車士兵戲稱為「裝甲巧克力」（Panzerschokolade）。

假使你比較喜愛純正的巧克力，就是那種附帶蠍子尾巴的，建議可以造訪西西里的莫迪卡（modica）。那裡的人們依然製作結合可可油和可可的濃純巧克力，費心地以手工在室溫中，添加冰糖研磨至粉狀。但如果你發現自己突然有股衝動想要拿石頭丟市長的窗戶，或點火焚燒輪胎，那麼可別怪我沒警告過你。

HAVE YOU TRIED
YORK MILK
ROWNTREE'S
YORK
MILK
EATING CHOCOLATE
ROWNTREE'S NEW MILK CHOCOLATE

aurum:

CHAPTER EIGHT

第八章

烤肉捍衛戰[01]

LIFE, LIBERTY, AND THE PURSUIT OF TENDERNESS

01. 英文章節名稱的典故是出自於美國獨立宣言中的「Life, Liberty, and the pursuit of Happiness」，作者將 happiness 改成 tenderness（肉質鮮嫩）。

The brovvyllinge of their fishe XIIII.
ouer the flame.

Buccaneer（海盜）和barbecue（BBQ烤肉）同樣都是源自於泰諾（Taíno）語的barbacòa這個字，意思是以樹枝架框慢火煮食或烘乾肉類。泰諾人是哥倫布登陸之前的加勒比海原住民，擅長烹煮魚類，以及保存肉類，即我們所稱的肉乾。描述惡名昭彰加勒比海海盜的字，與形容戶外煮食的字來自同一字根，這點絕非偶然。這樣說或許是將一個殘酷無情的職業浪漫化了，但海盜是航行七大洋的烤肉專家：兇悍、野蠻，且在文明世界之外，永遠自在地生存著。

嚴格講起來，BBQ烤肉是指將整隻動物，或只有較便宜、強韌的部位，以較低的溫度（約攝氏65度〔華氏150度〕）長時間烘烤，才能讓原本連結肉的纖維狀膠原蛋白轉化為膠質。要達到這個溫度，同時又不能讓外層燒焦，便不能以直火烤肉（否則就稱作炙烤〔grilling〕了），只能接近火源，且通常必須在封閉的空間燒烤數小時之久。因此，比起炙烤（grilling）等其他戶外烹煮方式，BBQ烤肉（barbecuing）其實更接近烘烤（roasting）。[02]

BBQ烤肉因為具有回歸原始的特

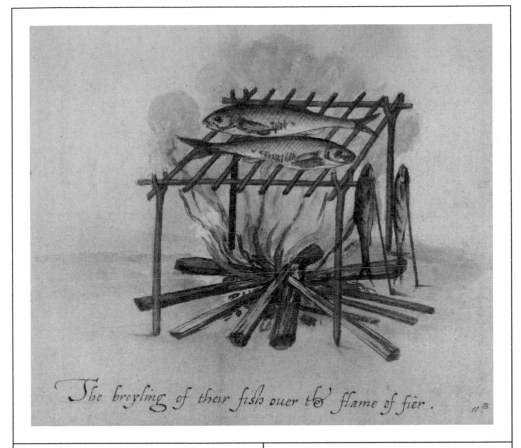

The broyling of their fish ouer the flame of fier.

性，在現代的西方世界佔有獨特地位。BBQ烤肉讓我們在快節奏的世界中體驗慢活方式；在金錢至上的物質社會有較便宜的選擇；且在這個連與人相約見面的理由都愈來愈做作的年代，這已經算是自然的社交活動了。儘管有些人寧願獨自烤肉，也不願承認這個方法不只適用於他們喜愛的肉類，其實烤肉方式包羅萬象。確實豬肉特別適合這種料理方式。原因有很多，包括養豬較容易，不必負擔高成本，成品美味，且脂肪含量高，能讓膠原蛋白有時間形成膠狀，肉質才不致於變柴。想要BBQ烤肉成功，關鍵因素不外乎肉、時間、火候、以及人們相聚分享美味成果。

章節序幕｜《勒特雷爾詩篇》（1325-1340 年）。
對頁 & 上圖｜在火上烤魚。約翰・懷特（John White），《漫遊維吉尼亞州》（Travels through Virginia，1618 年）。
次頁左圖｜《伊莎貝拉皇后的祈禱書》（The Breviary of Queen Isabella，約 1497 年）十一月。
次頁右圖｜男子將樹上的橡子打下來給所飼養的豬隻。出自《瑪麗皇后的詩篇集》十一月（The Queen Mary Psalter，約 1310 年）。

02. 中文的「烤」，在英文中有許多不同的用字。「Barbecue」在此雖譯作「BBQ 烤肉」，但本意原本是指以低溫慢慢煮食大塊肉類，且不得太靠近火源，長時間燒烤，讓肉質鮮嫩，所以其實比較近似「roasting」烘烤。我們平時在後院烤肉所指的 BBQ，其實不是 barbecue，而應稱作「grilling」，即炙烤之意，特色是以直火燒烤，過程採高溫，烹調時間也短。

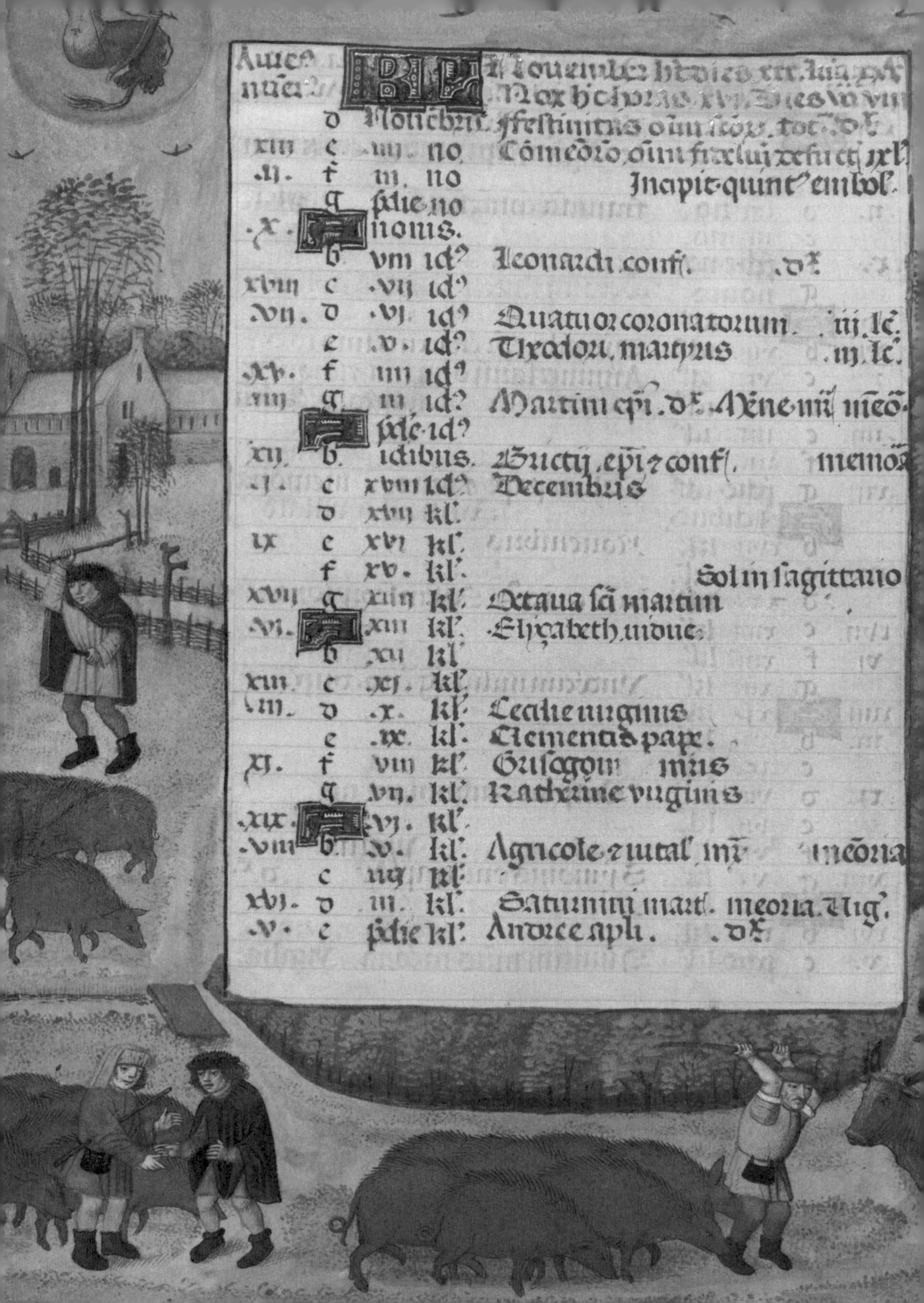

Aureus numerus		KL	Nouember habet dies xxx. luna xxix.
			Nox habet horas xvi. Dies vero viii.
	d	Nouembris.	Festiuitas omnium sanctorum. tot. dx.
xiii	e	iiii. no.	Commemoratio omnium fidelium defunctorum. ix l.
ii.	f	iii. no.	Incipit quintus embolismus.
	g	pridie no.	
x.	A	nonis.	
	b	viii id.	Leonardi conf. dx.
xviii	c	vii id.	
vii.	d	vi id.	Quatuor coronatorum. iii. lc.
	e	v. id.	Theodori martyris. iii. lc.
xv.	f	iiii id.	
iiii	g	iii id.	Martini epi. dx. Mene mris. memo.
	A	pridie id.	
xii.	b	idibus.	Bricti epi et conf. memoria
i.	c	xviii kl.	Decembris
	d	xvii kl.	
ix	e	xvi kl.	
	f	xv. kl.	Sol in sagittario
xvii	g	xiiii kl.	Octaua sci martini
vi.	A	xiii kl.	Elizabeth vidue.
	b	xii kl.	
xiiii.	c	xi. kl.	
iii.	d	x. kl.	Cecilie virginis
	e	ix. kl.	Clementis pape.
xi.	f	viii kl.	Grisogoni mris
	g	vii. kl.	Katherine virginis
xix.	A	vi. kl.	
viii	b	v. kl.	Agricole et vital. mr. memoria
	c	iiii kl.	
xvi.	d	iii. kl.	Saturnini mart. memoria. Vig.
v.	e	pridie kl.	Andree apli. dx.

Scorpi[us] est quint[us] & tercius est nece cinctus.

	d	Kl.	Nouemb[ris].	Sollempnitas o[mn]ium s[an]c[t]o[rum]. d. f.	
xiii	e	iiii	No.	Commemoracio omnium fidelium defunctorum.	
ii	f	iii	No.		
	g	ii	No.		
x	A	Nonas			.S.
	b	viii	Id.	S[an]c[t]i leonardi abbatis & conf.	ix. lc.
xviii	c	vii	Id.		
vii	d	vi	Id.	S[an]c[t]orum quatuor coronator[um] m[a]r.	iii. lc.
	e	v	Id.	Sancti theodori m[a]r[tir]is.	iii. lc.
xv	f	iiii	Id.		
iiii	g	iii	Id.	S[an]c[t]i martini ep[iscop]i & conf.	ix. lc.
	A	ii	Id.		
xii	b	Idus.		S[an]c[t]i bricii. ep[iscop]i & conf.	iii. lc.
i	c	xviii	kl.	Decembris.	
	d	xvii	kl.	S[an]c[t]i macuti ep[iscop]i & conf.	ix. lc.

十七世紀時，《圈地法》（Enclosure Acts）開始對於共同財產及準共同財產（例如皇家森林）的使用設限。在此之前，許多中古世紀的英國人都會飼養豬隻，放牠們出去搜尋橡子和樹上的美味，這種古代的做法稱為「林地放豬」（pannage）。

安格魯薩克遜人（Anglo-Saxons）在十五世紀時將烤全豬的傳統引進英國，一直到十七世紀以前，在鄉下地區都頗為盛行。這個做法在愛爾蘭也延續下去，但不像過去那麼廣為流傳。同樣在美國北部、紐約、中大西洋、以及新英格蘭地區，BBQ烤肉多已被後院炙烤取代，在新英格蘭少數地區則是比較熱愛燒蛤（雖然名為燒蛤，但其實不侷限於蛤蜊，而是指將海鮮置於一層層海帶之上，並於熱石上慢慢蒸煮）。上述這些地區的共通點是氣候都比較嚴苛；而BBQ烤肉的傳統要能流傳下去，就必須有溫暖宜人的氣候，以及放鬆的氣氛，但這些條件在北方都比較不容易達到。因此，在工業革命時期的食譜書中，這道料理便演變為烤乳豬：大家都看過那張整隻乳豬口咬蘋果的圖，在一盤蔬菜上誘惑著你。乳豬的尺寸剛好進得了烤箱，比較適合家有烤箱的家庭。

而在美國南方，BBQ烤肉則結合地區差異性和原料，發展成為如今仍保存的諸多精彩文化之一。其中由泰諾人引進，同時受到美國南方非洲奴隸影響的一項傳統，便是BBQ烤豬肉，且在肯德基州的某些地區，還時興BBQ烤羊肉。在1916年至1970年間大遷徙（Great Migration）時，六百萬名非裔美國人自南方郊區搬遷至東北、中西和西部地區，因此這種烤肉方式也跟著流傳至各地。堪薩斯城（Kansas City）、孟菲斯（Memphis）、芝加哥、洛杉磯、哈林區和美國各地許多城鎮之所以會擁

有獨特的烤肉傳統，都要歸功於這次大遷徙，讓源自於美國南方的各種技術、醬料和乾醃法[03]，與新地點的口味和原料融合在一起。

其他主要影響還包括自南美引進墨西哥猶加敦州，爾後又流傳至德州的BBQ烤牛肉。有一種說法是這道料理是馬普切人（Mapuche，智利中南部以及阿根廷西南部的原住民，包括現今巴塔哥尼亞地區的一部份）和波里尼西亞人（位於太平洋中部及南部上千個島嶼上的人民）在智利外海的摩卡島（Isla Moche）開會時想出來的。土窯烤箱（earth oven）的祕訣在玻里尼西亞的夏威夷式宴會（luau）時被傳開，而且對方恐怕還只拿幾籃甜薯和一打天竺鼠（印加人因喜愛其美味而自行馴養及育種的）來換取祕密。後來這個方法又沿著海岸向北流傳，啟發了馬雅人的pibil土窯烤爐，以及德州的開爐燒烤（Texan pit barbecue）。在十九世紀中的墨西哥，像是古菲的《食譜之書》（El Libro de Cocina，1893

前頁 | 圖庫曼（Tucuman）的高卓人（Gauchos）。艾眉瑞克·伊塞克斯·維達（Emeric Essex Vidal），《圖說布宜諾艾利斯及蒙特維多等地》（Picturesque Illustrations of Buenos Ayres and Monte Video, etc.，1820年）。
對頁 | 在火焰上烹煮，《勒特雷爾詩篇》（1325-1340年）。
上圖 | 美國南方烤肉，出自霍瑞斯·布萊德利（Horace Bradley）的素描，《哈潑週刊》，1887年7月9日。

03. Dry rub，塗抹乾燥香料醃製肉類的方法。

EL LIBRO
DE
COCINA
POR
JULES GOUFFÉ
Antiguo jefe de cocina del Jockey-Club de París

PRIMERA EDICION MEXICANA
ESMERADAMENTE TRADUCIDA DE LA ULTIMA EDICION FRANCESA E ILUSTRADA CON NUMEROSOS GRABADOS
CONTIENE LA COCINA CASERA Y LA GRAN COCINA
y un tratado especial
DE LA COCINA MEXICANA
FORMADO EXPRESAMENTE POR UNA COCINERA POBLANA

MEXICO
EDITORES: ED. RODRIGUEZ Y CO. Calle del Refugio núm. 15.
IMPRESORES: ED. DUBLAN Y COMP. Calle de 57 núm. 7.
1893

年）這類中產階級食譜書，也收錄了關於篝火燒烤（pit barbecuing）的詳盡說明，顯示其受歡迎的程度和普遍性。類似的習俗顯然在各地都與時俱進了。

即使在比其他傳統國家先進的美國，大家也都烤過肉。阿拉伯貝都因（Arab Bedouin）的zarb，是將羊肉和其他肉類蔬菜置於沙漠的沙窯中慢慢烘烤，直到現在都還是盛行不衰的傳統。其它地區的BBQ烤肉，包括阿根廷的asado、巴西的巴西窯烤（churrasco）和南非的brai，雖然使用較小塊的肉，但也是採弱火慢烤。這三種方式比較接近直火炙烤肉類，也就是現代西方社會中所謂的BBQ烤肉[04]，仍沿用了能將膠原蛋白轉換成膠質的溫度和時間比例。

BBQ烤肉曾經是人類賴以為生的重心。當時人們會花上數個星期追蹤大型獵物才動手獵補，帶回家裡用大火慢慢烹煮，讓部落裡的每個人都能享用成品。不論好壞，我們都進入了一個不同的階段，但如果能繼續流傳下來的BBQ烤肉傳統，肯定不是與現代文明併行，而是在現代文明之外。道地的傳統BBQ烤肉就如同郊狼、浣熊、狐狸和遊隼等動物一樣，找到了生存的方法，既不是像有些人設想的那樣原始，也不是像烤肉架廠商想要推銷給全世界的光鮮亮麗高科技事業，而是屬於第三種類型：既野蠻又隔離。也因此傳統BBQ烤肉逐漸式微。假使只是一群人邊生火烤

肉，邊喝酒，以《鐵約翰》[05] 的方式擊鼓，那不會有人在意。亦或是將高科技的現代廚房的設備移師戶外，既能透透氣，又能找到機會使用松露油，那麼也不關任何人的事。但正統的BBQ烤肉既開放，包容性也高，多半由男性主導，像前兩種類型的烤肉，讓人能遠離世俗文明和紛亂局面，能夠忙裡偷閒。

BBQ烤肉受歡迎程度當然一直都是問題所在。在十八世紀的北美洲，烤肉往往都會結合政治目的。有錢的南方莊園主人會舉辦鋪張的烤肉盛宴（大家都知道喬治・華盛頓就曾參加過一場），現場提供各式高價切片肉類、豪華餐具和許多奴隸勞工。這類政治聚會場合多半是支持白種男性霸權主義，到後來甚至演變成若沒有舉辦烤肉宴就很難當選。在美國南方，政客仍然認為有必要讓大家看見自己和群眾一同吃豬肉喝啤酒。幸好BBQ烤肉若太高價或參加門檻太低，都會讓效果（以及食物品質）大打折扣。BBQ烤肉需要費時費心、付出努力和社群聚集。把烤肉當作鋪

對頁左圖 | 亞特蘭大博覽會的喬治亞州烤肉會，威廉・艾倫・羅傑斯（W.A. Rogers）繪，《哈潑週刊》，1895 年 11 月 9 日。
對頁右圖 | 吉爾・古菲，《食譜之書》（1893 年）。
上圖 | 《西格的週末酒吧和烤肉之書》（Seagram' s Weekend Bar and Barbecue Book，約 1960 年代，日期不詳）。由喬・考夫曼繪圖。

03. Dry rub，塗抹乾燥香料醃製肉類的方法。
04. 現在我們所稱的 BBQ 烤肉（barbecue）其實比較接近直火炙烤，不像最早的 BBQ 烤肉（barbecue）其實是以低溫慢火烘烤，型式不同。
05. 《鐵約翰》是格林童話中的故事。

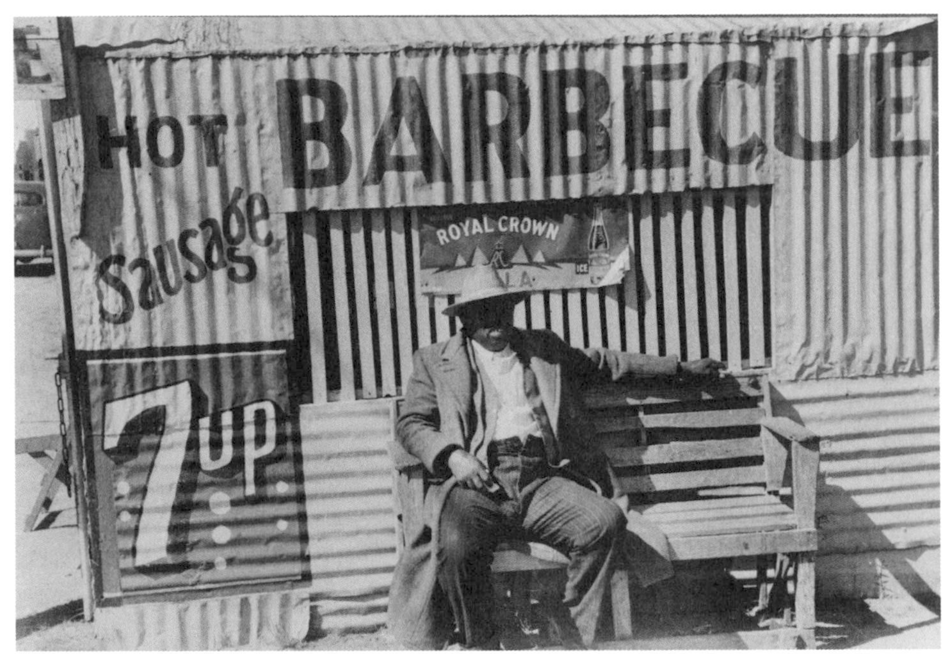

張的政治活動，與其說是忽略重點，倒不如說是不斷以卡車輾過重點，還點火焚燒。

這股受歡迎的烤肉風潮在50年代初期也吹到了家庭裡，一些省時的發明誓言將徹底改造家庭，就如同第二次世界大戰徹底改造世界一樣。芝加哥韋伯金屬製品（Weber Metalworks）的喬治・A・史蒂芬（George A. Stephen）將一個鋼製浮標剖為兩半，改造成圓筒烤肉爐架，既可攜帶，又方便，但就像多數這類產品一樣，也相當令人失望。替史蒂芬先生說句公道話，我想他原本只是打算用在自己烤肉架擅長的用途，像是烤漢堡、熱狗和奇怪的丁骨牛排等。但韋伯公司的烤爐正好順應了戰後的生活方式和講究的後院文化，因此真正道地的傳統BBQ烤肉方式才未能風行。畢竟在自己的私有土地上，使用烤肉爐（甚至現在科技進步，還能使用瓦斯烤爐）烤肉，確實便利許多，尤其居住在郊區更是如此。正如冰箱和洗衣機是以女性為目標客群一樣，這些烤肉爐則是針對男性行銷的：一杯加冰威士忌、一份報紙、一個韋伯烤肉爐，然後「趁球賽還沒開始，讓我們到後院烤幾根香腸吧」。

上圖 | 男子站在電鍍金屬烤肉架旁，德州聖體市（Corpus Christi），1939 年 2 月。
對頁 | 海拉・奈爾森・歐康納（Hyla Nelson O'Connor）的《當今女性烤肉全書》（Today's Woman Barbecue Cook Book，1954 年。）
次頁 | 自篝火中取出烤好的牛肉，洛杉磯警長烤肉大會（約 1930-41 年）。

Below is Royal Chef grill with electrically turned spit. This can be used also without aid of electricity outdoors with spit turned by hand: for steak, fowl.

Above is special unit made by Androck. Of light metallic construction, it has room on grill for 3 large steaks.

mobile barbecues

The most versatile kind of barbecue units, these can be just as efficient as the stationary type and yet be used indoors or outside.

The Royal Chef deluxe unit at left features 2 grills. One can be used for steaks or other meats, while fowl or spareribs are barbecued on spit over other grill. In between grills is warming area for bean casseroles, etc. Also has plenty of work-table space.

136

但除了中上階級白種男性利用烤肉造勢之外，其實世上許多地方的政府對於後院生火，要不是明令禁止，就是嚴加規範。在美國多數地區，連在沙灘上生火也必須申請許可，墨西哥猶加敦州的美里達（Mérida）的規定是，凡在市區範圍內烤辣椒都屬違法。為了因應這樣的措施，民眾只好將違法的烤肉活動轉移陣地至公共公園和森林裡，就像中古世紀時，將豬隻放到公共領域覓食一樣。但隨著社會日益工業化，許多公共空間也都被圍起來了。普遍來說，挖洞生火都是被禁止的，某些公園裡設有烤肉架，鼓勵民眾使用爐架炙烤，而非採BBQ方式烤肉。所要傳達的訊息再清楚不過了：要烤漢堡肉、烤香腸，沒問題，但請勿在此進行大規模、喧鬧、且不受控的聚會。

不知道從何時開始，這些進步和法規侵犯了我們的自由。在美國許多地區，公民非常在意是否享有攜帶武器的權利，應受到（瞭解不夠清楚的）225年歷史的美國憲法第二修正案所保障。那麼第一修正案：「人民有和平集會的自由」——民主的基石之一——又如何呢？和平集會免不了吃吃喝喝，而有群眾聚集的地方，就會想烤肉。提供食物給和平（但可能也有些微醺）群眾的權利被侵犯，不僅僅是打壓民主，更是抹滅了人類生存以及飢餓的意義。

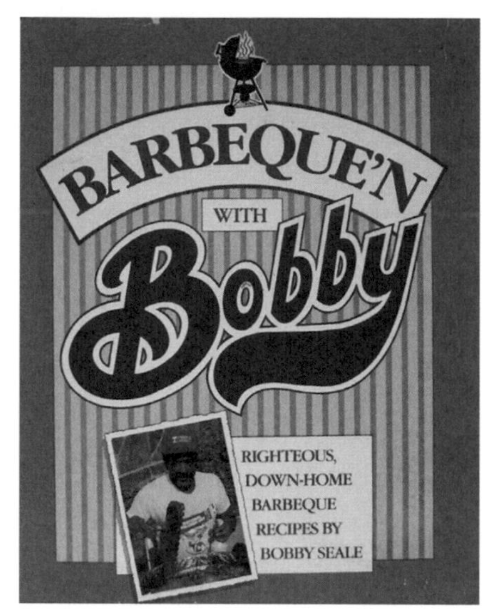

在1983年發生了一起很有意義的事件。惡名昭彰的白人種族優越論者及仇外者湯瑪士・梅茲爵（Thomas Metzger），在洛杉磯參加了一場焚燒十字架的活動。按照洛杉磯郡的規定，未取得許可證者嚴禁在後院生火，因此梅茲爵便建議他們先取得授權，行動才有保障。一位假扮成三K黨成員的自由作家兼攝影師，假裝在拍攝萬一警方干預時可能觸發的暴行，實際上卻把他們不適當的殘忍行為全都錄了下來。我並不是像某些瘋狂的網評一樣，認為只要是誤解炙烤和BBQ烤肉差異的人，全都是納粹份子，但…這些三K黨成員只在烤肉

上圖 | 巴比・希爾（Bobby Seale），《與巴比一同烤肉》（1988年）。
次頁左圖 | 「爸爸，來倒煤炭、生火吧」——戶外烹煮時間到了。BBQ烤肉廣告，《美好家園與花園》（Better Homes & Gardens），1960年6月。
次頁右圖 | 御廚烤肉架（Royal Chef Grill）廣告，《展望》雜誌（Look，1954年6月）。

架上丟了一塊豬排和一罐烤豆子，就開始架起十字架焚燒。這裡涉及了不少違法行為，其中有幾項很值得好好分析。梅茲爵為了實踐自己荒誕的分離主義，利用了源自於非裔美籍和墨西哥文化的BBQ烤肉，一個賜予全人類的禮物。儘管先是種族主義者，後來又是反猶太份子，但梅茲爵依然有空在幾年前組織一個市民邊境巡邏隊，阻擋墨西哥移民入侵美國國境，所以他還是個頗有行動力的仇外者。不過對於我們所探究的烤肉主題而言，更重要的是，他還利用政府對野外烤肉的管制，來對抗人性。

黑豹黨（Black Panther Party）的創辦人之一，同時也是半食譜、半宣言的《與巴比一同烤肉》（Barbeque' n with Bobby，1988年）作者巴比・希爾（Bobby Seale），將這些現象都看在眼裡。希爾認為BBQ烤肉這個詞常被誤用，也常與節慶和特殊場合連結。他同時也批評餐館貶低詆毀了BBQ烤肉。希爾在此指出了一個常被忽略的重點：商業化的過程是如何貶低BBQ烤肉烹調法的價值呢？不少餐館都有高品質的烤肉，但每當有連鎖餐飲店販售工廠統一製造的「烤肉醬」醃製肉品、每當有「BBQ烤肉風味」零食上市、或者每當麥當勞又推出另一款「BBQ烤肉漢堡」時，都使得烤肉的價值再度被貶低了。也難怪，孩子看著貨架上的洋芋片時，是否只認為BBQ烤肉就和酸奶油洋蔥口味一樣，不過是另一種口味名稱罷了，而不會感到有必要反抗冷漠的資本世界呢？更何況現在烤肉甚至還可以經乾燥處理後，灑在食物上當調味料呢。

企業和政府為達惡毒目的，不惜毀壞BBQ烤肉文化，這已不是新聞了，這已是常態：BBQ烤肉已被逼出界了。商業合作和商品化只是更進一步證實了這點：人類和BBQ烤肉其實是相互依存的關係。下次我們想要吃肋排時，應該展現一下自制力：自己生火，不要叫外賣，挖個坑，邀請朋友、熟人、甚至一兩個敵人，然後拌勻醬汁和醃料、塗抹在肉上。現代人生活充斥著閃爍搖曳的燈光、時下流行的音樂、和浮動不定的想法，圍繞著我們、刺激著我們的視覺，因此我們更有必要抽出片刻、深呼吸、享用美食。每天我們都被紛亂的電子世界所圍繞，已經習以為常，我想我們真正需要的，其實是一份正統的手撕豬肉三明治。素食者也不要覺得跟自己無關：摘一些根莖類蔬菜，像是長滿絨毛的大蘿蔔、巨大的蕪菁、或是大到誇張的大頭菜。找一顆像跳跳球（space hopper）一樣大的南瓜，然後用BBQ烤肉方式煮鍋湯好好享用吧。不過別忘了要慢慢煮。慢——慢——的。

JUNE, 1954 7

ABOUT $24.95

Cook 30 big steaks at one time on this king-size Royal Chef.

All Fireboxes Guaranteed

5 Years Royal Chef grills are built to give you pleasure for a long time. With a choice of 12 models, there's a Royal Chef to suit your taste and budget.

Brazier Model RC-66 $34.95*

Brazier Model RC-23 $9.95*

Super Deluxe Patio RC-338-S $104.95*

Cooking's a Picnic Any Time on a Royal Chef Grill

Special Offer - Write today for Royal Chef's **Outdoor Cook Booklet.** Please enclose 25c in stamps or coin to cover handling charges.

**Slightly higher in some areas.*

Have fun cooking outdoors where everyone can enjoy it—at a party for 30 or with a family of 3. Sturdy, handsome as the picture and twice as much fun, this portable Royal Chef grill features a king-size firebox (16 x 30) with two adjustable grids.

Hickory-smoked steaks with that deliciously different flavor, sizzling hamburgers, southern-style barbecued chicken . . . Royal Chef cooks them all to a queen's taste. See these famous Royal Chef grills and braziers today at your hardware, department or sporting goods store.

CHATTANOOGA ROYAL COMPANY *division of* CHATTANOOGA IMPLEMENT & MANUFACTURING CO.

Chattanooga, Tennessee

Manufacturers of Royal Chef Grills and Royal Gas Heaters.

LET

CHAPTER NINE
第九章

糕點戰爭[01]

THEM

EAT

QUEQUE

01. 「Let them eat cake」，這句話的典故是出自於法國一個王后在聽到平民沒有麵包可吃時，便說「何不讓他們吃蛋糕呢？」

1838年，法國入侵墨西哥，表面上是為了要追討拖欠的債款。但比較常見的說法是雙方的衝突可以追溯至十年前，也就是1828年。據說當時一名叫做雷蒙特（Remontel）的紳士，在墨西哥城的塔庫巴亞區（Tacubaya）經營一間法式糕餅店，卻被墨西哥軍隊給毀了。另一個版本則是兩名應該是這家店員工的法國人，被安東尼奧・羅培茲・德・聖塔・安那將軍（General Antonio López de Santa Anna，1794-1876年）旗下的墨西哥軍隊謀殺，但也有可能軍人們只是偷了糕點而已。故事是這樣的，在訴請墨西哥政府賠償失敗後，雷蒙特於1832年向法國政府申訴，並且要求償還不合理的金額6萬披索（經估算約相當於其店舖價值的六十倍）。法國完全不急，最後決定將索賠轉加在墨西哥的債務上，於是總金額飆漲至60萬法郎。這次事件被稱為糕點戰爭（Pastry War）的原因眾說紛紜，但不需仔細審視也會發現，不管是謀殺、破壞財物、偷竊、還是欠債，沒有一樣是真的，也沒有一樣有經過證實。在法國和墨西哥的外交史上，從未有雷蒙特請求賠償的紀錄。不過至少有一件事是肯定的，墨西哥人堅持稱之為糕點戰爭，別無它名。

墨西哥雖然於1821年成功脫離西班牙獨立，但在接下來的五十年，政治狀況依然動盪，在共和制和君主制之間拉扯。德州革命後，安東尼奧・羅培茲・德・聖塔・安那將軍（General Antonio López de Santa Anna）贏得阿拉摩之戰（Battle of the Alamo，1836年2月23日至3月6日），卻在最後階段搞砸，不得不讓德州獨立，墨西哥也因此失去這塊領土，從此之後，情況只有每況愈下。在這些社會及政治力量的競爭當中，所謂的糕點戰爭就在1838年爆發了。

1838年3月，法國將一支中隊駐紮在維拉克魯斯州（Veracruz）外海，並自指揮艦赫敏號（Hermione）發送最後通牒：如不償還欠款，後果自負。墨西哥政府回送三打他們最精緻的糕餅（蛋糕、糕點和餅乾），並回覆：大意是說，「我們沒有那麼多現金，就算有，也不會給你們的。」法國封鎖維拉克魯斯州長達六個月，禁止進口重要貿易貨品和受歡迎的糕點原料，像是肉桂、大茴香和鳳梨等。隨著外交局勢瓦解，許多歐洲國家也派遣船艦前來謀求私利（同時也對這個殖民地所遭受的報應幸災樂禍）。熱愛巴黎夏洛特甜點（Charlotte à la Parisienne）的查爾斯・鮑登少將（Rear Admiral Charles Baudin，1784-1854年），受法國任命掌管這艘軍艦。他還帶了自己的糕點師傅同行，這位師傅恐怕還是馬利・安托萬・卡漢姆（1784-1833年）的弟子。卡漢姆不但是全球知名法國廚師、巴黎夏洛特甜點的發明者、也是《巴黎皇家糕點師》（Le Pâtissier Royal Parisien，1834年以英文出版，名為《法國皇家烹飪與糕點大全》〔The Royal Parisian Pastrycook and Confectioner〕）的作者，書中收錄他的結婚蛋糕

章節序幕 | 吉爾・古菲，《皇家糕點及糖果全書》（1874年）。

對頁上圖 | 聖塔・安那將軍（General Santa Anna）。盧卡斯・阿拉曼（Lúcas Alamán），《墨西哥歷史》（1849-52年）。

對頁下圖 | 攻擊聖塔・安那將軍住家，1838年。水彩畫。約1870年。

上圖 | 維拉克魯斯州俯瞰圖，出自《墨西哥與其周邊》México y sus alrededores（1869年）。

Cascade égyptienne.
Tour de Rhodes.
L'AMOUR ET L'HONNEUR
A TANCREDE
Fontaine antique.
Grand Pavillon chinois.
Ruine d'un château fort.
Fontaine Turque.
Tente à la française.
Pavillon gothique des tourelles.
Ruine gothique.

巧奪天工的糕點建築模型。馬利・安托萬・卡漢姆，《巧奪天工的糕點師》（Le pâtissier pittoresque，1842年）。

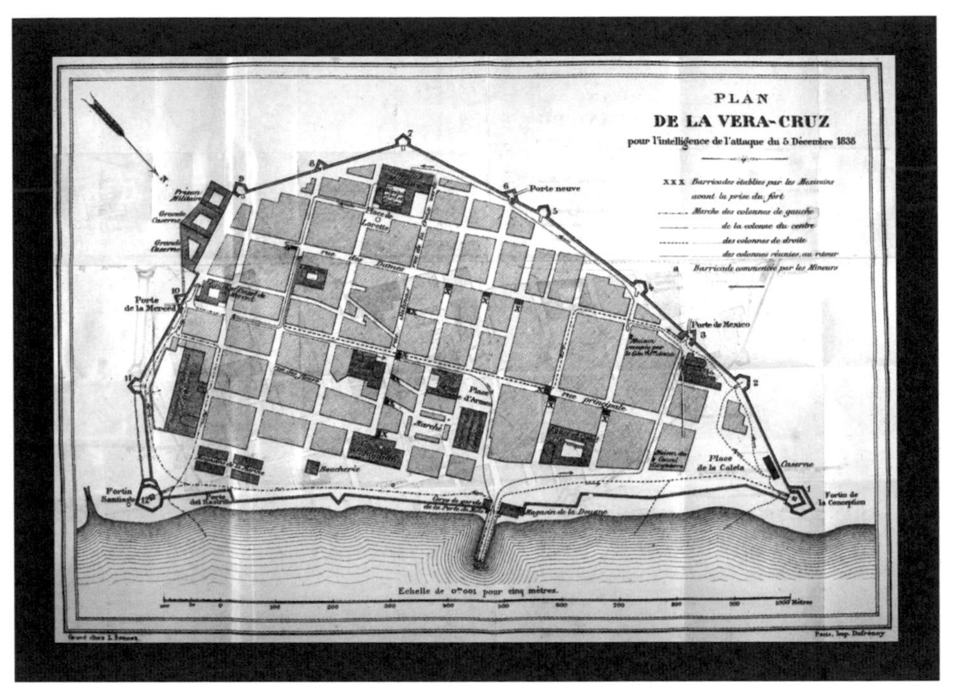

（pièces montées）作品，蛋糕設計精巧，宛如軍事堡壘一般。

儘管墨西哥的印刷歷史可以追溯至十六世紀，但一直到1831年，也就是脫離西班牙獨立十年後，才印製出最早的兩本墨西哥食譜書。《新廚藝》（Novisimo Arte de Cocina）及《墨西哥大廚》（El Cocinero Mexicano）都試圖建立墨西哥的飲食特色：前者帶有嘗試性，後者則具備紮實的辭藻力度和精選食譜。《墨西哥大廚》分為六個甜點章節，共收錄八百篇食譜，刻意為剛獨立的墨西哥塑造出有特色的料理。數百年來，抵達墨西哥的西班牙殖民者都期待能在此飽嚐甜食，而這樣的設想，再加上巧克力、香草、草莓、黑櫻桃和仙人掌等當地原料，使得墨西哥在甜點料理上建立了健全的傳統。就像當時的歐洲傳統，糕點通常由（西班牙風格的）男性主廚主導，利用當地原料配合實際需求而作。與男性主導的傳統併行的，是由修道院修女所製作的蛋糕。雷蒙特就是在這樣背景之下經營糕點鋪，應該也受到卡漢姆的啟發，販售當時流行的甜點建築和迷你版世界建築。在墨西哥這個美麗新世界，數百種不同的甜點料理在250年間，經由手抄本流傳下來的過程當中，結合當地以及歐洲的製作方式和原料，演變成獨特而融合的料理。

1838年10月21日，艦隊指揮官查爾斯・鮑登發送訊息，促成與墨西哥外交部長路易斯・奎瓦茲（Luis

Cuevas）的第二次會議，於11月17日在維拉克魯斯州的首府哈拉帕（Xalapa）舉辦。墨西哥人吃不到平時享用的糕點，當然急著想達成協議，但法國卻想把價碼提高20萬披索以支付他們的開銷（例如大老遠把糕點師傅橫跨大西洋帶來這裡）。奎瓦茲拒絕了，他八成心想「之前的巧克力和香草糕點事件都解決了，這次能有多糟？」，畢竟他是來自於墨西哥城，因此很可能忽略了維拉克魯斯港的繁忙交易，對當地經濟的重要性。一旦港口被封鎖，就沒有鳳梨牛奶或肉桂糕點可享用了。法國將三艘巡防艦、一艘護衛艦和兩艘炮擊船就定位，等待法國和碰巧也名為路易－馬修・墨里伯爵（Comte Louis-Mathieu Molé）[02] 的法國總理發號施令。

當年稍早，一個名為奧古斯特・章（August Zang，1807-88年）的前奧地利炮兵官及企業家，在巴黎的黎塞留街（Rue de Richelieu）上開了一間麵包店，名為維也納麵包店（Boulangerie Viennoise），販售各式維也納特製產品，但真正的招牌還是他自己獨創的商品：一種添加許多奶油、口感酥鬆、外型呈彎月狀的麵包，他將之命名為可頌，靈感是來自於名為kipferl、形狀相似的香草杏仁餅乾。法國人突襲了麵包店，把店裡的可頌、食譜和想法都席捲而逃，只留下被暴力打翻的Kipfernl托盤。墨里伯爵是否立刻把這大受歡迎的新產品可頌麵包，隨著軍令寄了一盒給鮑登？大概沒有，不過如果那樣做肯定是個貼心的表現。

1838年11月27日，墨西哥的使者登上鮑登的船，最後一刻才提出和解，但才經過數小時的討論就遭到拒絕。政要人士都還沒返回港邊，炮擊就立刻展開了。港口的聖胡安德烏魯亞城堡（San Juan de Ullúa）共有1186名軍人，手持153把槍枝在守備，卻仍然不敵法國軍官亨

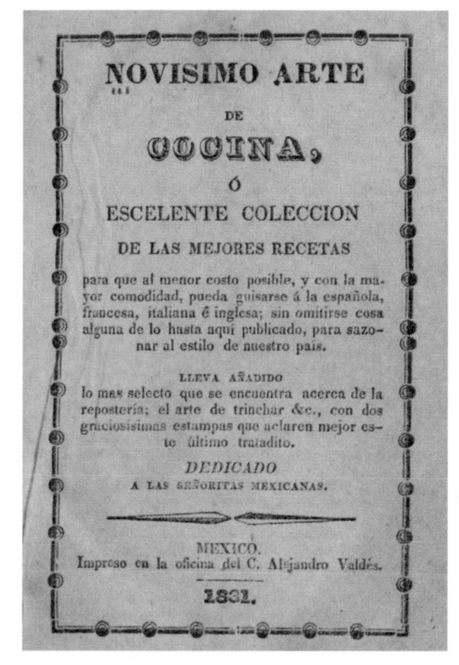
NOVISIMO ARTE
DE
COCINA,
Ó
ESCELENTE COLECCION
DE LAS MEJORES RECETAS
para que al menor costo posible, y con la mayor comodidad, pueda guisarse á la española, francesa, italiana é inglesa; sin omitirse cosa alguna de lo hasta aquí publicado, para sazonar al estilo de nuestro pais.
LLEVA AÑADIDO
lo mas selecto que se encuentra acerca de la reposteria; el arte de trinchar &c., con dos graciosísimas estampas que aclaren mejor este último tratadito.
DEDICADO
A LAS SEÑORITAS MEXICANAS.
MEXICO.
Impreso en la oficina del C. Alejandro Valdés.
1831.

對頁｜維拉克魯斯地圖，為1838年12月5日的攻擊做準備。
上圖｜西蒙・布蘭克爾（Simón Blanquel），《新廚藝》（Novisimo Arte de Cocina，1831年。）

02. 法國總理墨里的名字恰巧與墨西哥名菜「墨里醬」拼法相同。

利－約瑟夫・派尚斯（Henri-Joseph Paixhans，1783-1854年）的炮兵所新研發的砲彈。派尚斯特別喜愛完美愛情（一種添加花瓣、香草和柑橘皮調味的酒精糖漿）舒芙蕾（soufflés au parfait-amour）。他們的平射彈道和強大力道，使得這場戰爭過程既短暫又明快。第一天在經歷整個下午的砲擊之後，法國只損失4人，但墨西哥卻損失了224名防衛者，鮑登告訴堡壘指揮官，接下來他準備讓整座城堡化作斷垣殘壁。維拉克魯斯的守備指揮官及將軍協商後決定，或許他們還是可以想辦法籌出那筆錢的。最後同意解除港口封鎖八個月，並允許鮑登的士兵上岸補充軍糧，同時享用美味的牛奶布丁（budin de leche）。不過實際上卻非如此：投降條件的消息傳回墨西哥城，將軍和守備指揮官立即被逮捕，而原已退休的聖塔・安那接到命令又復出對抗法國攻擊。或許真正的關鍵是，聖塔・安那對糕點並不感興趣，因為他可是個著名的烤雞愛好者。這導致他後來選擇為烤雞逗留而不退兵[03]，在1847年4月18日的塞羅戈多戰役（Battle of Cerro Gordo）中，被北美洲的人俘虜。

糕點戰爭爆發時，法國料理（多少也有受到拿破崙的幫助）已超越歐洲大部分的傳統料理。法國人早已習慣其他各國屈服並且接受法國料理較優越的概念，因此當墨西哥人對於他們的泡芙塔、巧克力可頌麵包和開心果口味瑪德蓮不屑一顧時，法國便訴諸他們第二喜愛的發明：砲彈。

鮑登和聖塔・安那協議於1838年12月5日早上8點再次發動攻擊，然後便各自撤退了：鮑登去找他的瑪德蓮，聖塔・安那則是為了他的雞肉。但鮑登決定提早幾個小時發動攻擊。聖塔・安那因為熟睡中，完全沒察覺鮑登的軍隊橫掃城鎮，一寸一寸攻佔，最後朝著加強的軍營大門持輕兵器不停發射。一旦發現這招無效後，鮑登又揮舞白旗，再度發出休戰信號。法軍蜂擁而至，聖塔・安那千鈞一髮自家裡逃出，仍因羞辱而感到憤慨，又將法軍追趕回碼頭邊，他和他的軍隊就是在那裡被停泊的巡防艦炮擊。聖塔・安那損失了九名部屬、膝蓋以下的左腿、以及一根右手手指（最殘酷的是，那正是他用來嚐醬汁的手指）。鮑登之前舉白旗投降被忽略，造成八名士兵折損，因此他非常憤怒，對著該城鎮整整轟炸了兩個小時。

在此之後，聖塔・安那又在1847年烤雞事件時，被伊利諾伊第四步兵團偷走義肢。儘管墨西哥政府不斷向美國政府討回義肢，甚至還願意正式宣布甜甜圈和墨西哥酥炸脆餅（buñuelos）一樣好吃，但直至今日，這隻義肢還在伊利諾伊州軍事博物館展出。伊利諾伊州的代表甜點是

對頁 | 義大利風糖霜海綿蛋糕，杏仁開心果泡芙塔。吉爾・古菲，《皇家糕點及糖果全書》（1874年）。
上圖 | 奧拉斯・韋爾內（Horace Vernet），《1838年墨西哥考察隊的情節》(Épisode de l' expédition du Mexique en 1838,1841）。1838年11月27日聖強德烏亞爾堡壘（Fort of Saint Jean d' ulloa）的塔樓爆炸。

03. 傳言聖塔・安那被敵軍襲擊時，他正在享用美味的烤雞午餐。

布朗尼，在1893年為了芝加哥世界博覽會所發明的…但這有點離題了。

別忘了英國人也在近處，為保護自身利益而介入，試圖降溫，儘管海軍上將查爾斯・派傑特（Admiral Sir Charles Paget，1778-1839年）最喜歡的點心就是奶凍，他還是設法協議停火，並且最終在1839年3月9日訂立條約。條約確實細節不詳，但墨西哥的烹飪傳統在往後整個世紀中，都與法國有著奇特的連結。許多受歡迎的墨西哥食譜書是在巴黎印刷的，包括廣受歡迎且影響深遠的《全新墨西哥烹飪字典》（Nuevo Cocinero Mexicano en Forma de Diccionario），最初於1845年在巴黎出版，且一直到1903年都還有在發行。馬利・安托萬・卡漢姆和偶爾一起寫作的搭檔，餐館老闆安東尼・包維耶（1754-1817年）在書名頁被引用，而書中許多傳統墨西哥食物都被嘲弄是窮人的食物。這樣的歧視觀念向北延伸，因此墨西哥移民恩卡那瓊・皮納多（Encarnación Pinedo，1849-1902年）在美國著作第一本西班牙文食譜書《西班牙大廚》（El Cocinero Español，舊金山，1898年）時，便吹捧法國廚師，稱他們為「世界頂尖的廚師」。法國烹飪殖民的影響，一直延伸至二十世紀。在墨西哥城，法國餐廳比西班牙餐廳還更常見，不過這樣的影響隨著時間流逝也漸漸沖淡了。在30年代至60年代年間，約瑟芬納・瓦拉茲克・德里昂（Josefina Velázquez de León，1905-68年）出版了一系列的食譜書，將區域性的墨西哥料理推至最前線，從此改寫了歷史。他們或許輸了糕點戰爭，但最終或多或少還是贏了這整場戰爭。

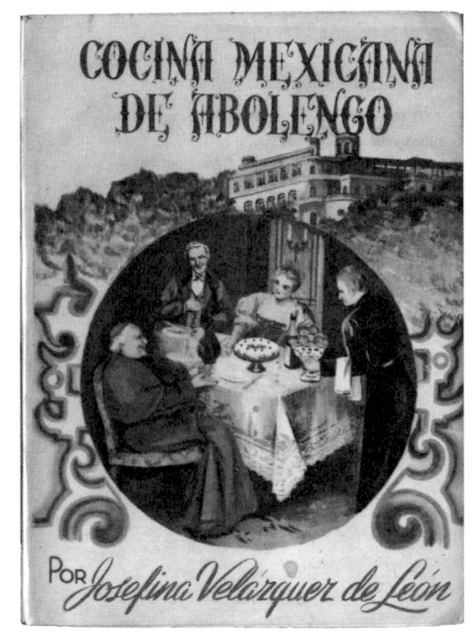

對頁 & 上圖 | 約瑟芬納・瓦拉茲克・德里昂（Josefina Velasquez de León）出版的烹飪書。
次頁 | 甜點建築，出自吉爾・古菲，《皇家糕點及糖果全書》（1874年）。

JUNIO
30 MENUS ECONOMICOS
EDICIONES JOSEFINA VELAZQUEZ DE LEON
Por
JOSEFINA
VELAZQUEZ
DE LEON

JOSEFINA VELAZQUEZ DE LEON
ENERO
(MENUS)

FEBRERO
29 MENUS PRACTICOS Y ECONOMICOS
EDICIONES
JOSEFINA VELAZQUEZ
DE LEON
Por JOSEFINA VELAZQUEZ DE LEON

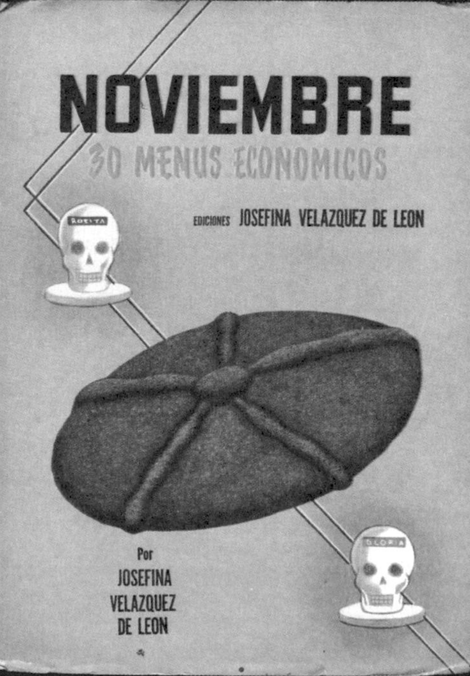
NOVIEMBRE
30 MENUS ECONOMICOS
EDICIONES JOSEFINA VELAZQUEZ DE LEON
ROSITA
GLORIA
Por
JOSEFINA
VELAZQUEZ
DE LEON

ITALIAN VILLA MADE OF NOUGAT

Pl. VII.

RUSTIC SUMMER. HOUSE

BISTO

BISTO
for all
MEAT DISHES

GOING TO THE 'MEAT'

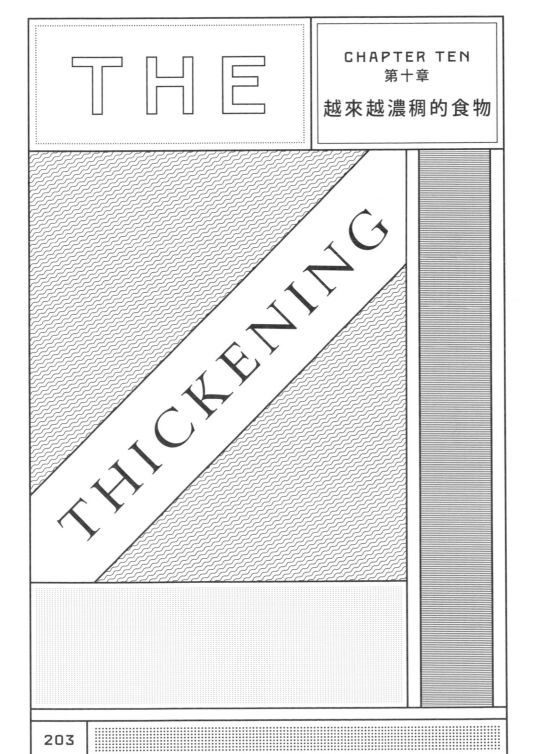

THE THICKENING

CHAPTER TEN
第十章
越來越濃稠的食物

在過去，黏度，或稱「濃稠度」，只不過是測量食物的一種特質。你的餐點可以是「濃得恰到好處」（例如麥片粥、肉凍或奶凍），或「濃度不恰當」（好比肉湯或啤酒湯），但就好比提到「米色」或「圓形」一樣，對於「濃稠度」本身並不會有任何價值評斷。食物本身的優劣才是評價的重點，而非主觀判定其濃稠度是否能帶給人奢華感或飽足感。數個世紀以來，許多食物都有了改變，其中因素可能包括原料變化、貿易路線、帝國主義、資本主義、流行或科技，但這些因素少有同時發生的。接下來要講的，就是現代液態食物是如何變得如此這麼濃稠。

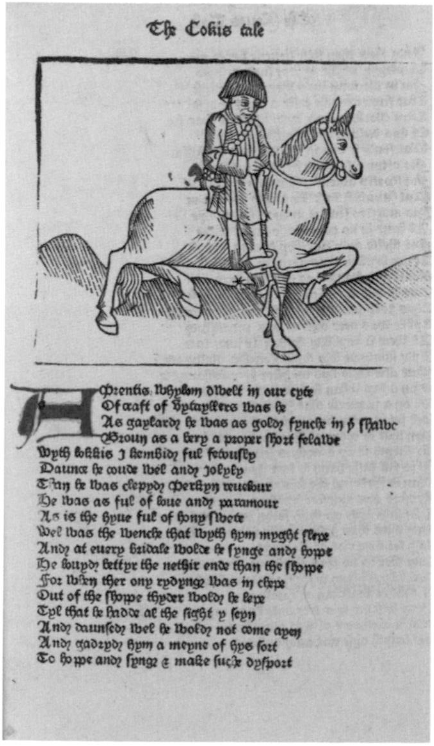
The Cokis tale

A Prentis whylom dwelt in our cyte
Of craft of vytaylers was he
As gaylard he was as gold fynche in þ shawe
Broun as a bery a proper short felawe
Wyth lokkis blak kembid ful fetously
Daunce he coude wel and jolyly
That he was cleppyd Perkyn reuelour
He was as ful of loue and paramour
As is the hyue ful of hony swete
Wel was the wenche that wyth hym myght slepe
And at euery bridale wolde he synge and hoppe
He louyd bettyr the nethir ende than the shoppe
For whan ther ony rydynge was in chepe
Out of the shoppe thyder wold he lepe
Tyl that he hadde al the sight y seyn
And daunsed wel he wold not come ayen
And gadryd hym a meyne of hys sort
To hoppe and synge & make suche dysport

中古世紀時，大部份的醬料和調味品都比較稀。最常見的增稠劑就是麵包屑和（奇怪又昂貴）磨碎的杏仁，但顯然不實用，因為會讓醬汁變成泥狀且缺乏黏性。廣受喜愛和歡迎的醬料，像是添加肉桂和醋的亞麻薺醬（cameline）、稱為綠醬的洋芫荽醬、以及用酸果汁（未熟葡萄釀製的酒）製成的阿格拉斯醬（sauce agraz），質地大多偏稀。肉派中的肉汁（只含肉汁）因為非常珍貴，甚至還有肉汁小偷會設法在肉派底部鑽洞，偷取肉汁再回收利用。這樣的竊取行為相當普遍，甚至在《坎特伯里故事集》（The Canterbury Tales，約西元1390年）的〈廚師前言和故事〉中，傑佛雷・喬叟（Geoffrey Chaucer，1343-1400年）也將文中粗鄙的廚師刻畫成這樣的騙子，讓肉派的「血液」流出來，再轉賣出去：

> 因為許多肉派都少了肉汁（**For many a pastee hastow laten blood**），
> 販售的肉派也大多不新鮮（**and many a Jakke of Dovere hastow sold**），
> 全部加熱過兩次又放涼兩次（**That hath been twice hoot and twice cold**）。

章節序幕｜畢斯托公司（Bisto）的廣告，1929 年。
左｜〈廚師的故事〉（The Cook' s Tale），傑佛雷・喬叟的《坎特伯里故事集》（The Canterbury Tales，1492 年）[卡克斯頓版本]（Caxton edition）。
對頁｜〈坎特伯里朝聖者〉（Canterbury Pilgrims），出自《坎特伯里故事集》的前言 [卡克斯頓版本]（Caxton edition）。次頁：玉米和馬鈴薯，約翰・杰勒德的《植物的藥用或一般歷史》（1633 年）。

Prologue

Gret chere made our ost to vs euerychon
And to souper sette he vs anon
He serued vs wyth vytayle at the beste
Strong was the wyne & wel drynke vs lyste
A semely man our oste was wyth alle
Forto be a marchal in a lordes halle
A large man he was wyth eyen stepe
A feyrer burgeys is ther non in chepe
Bold of hys speche and wel was y taught
And of manhood lacked he right nought
Eke therto was he right a mery man
And aftir souper to pleyen he began
And spak of myrthe among other thynges
Whan that we hadde made our rekenynges
He sayd thus now lordynges treuly
Ye be to me right welcome hertly
For by my trowthe yf I shal not lye
I saw not thys yeer so mery a companye

c iiij

The forme of the eares of Turky Wheat.

3 *Frumenti Indici ſpica.*
Turkie wheat in the huske, as alſo naked or bare.

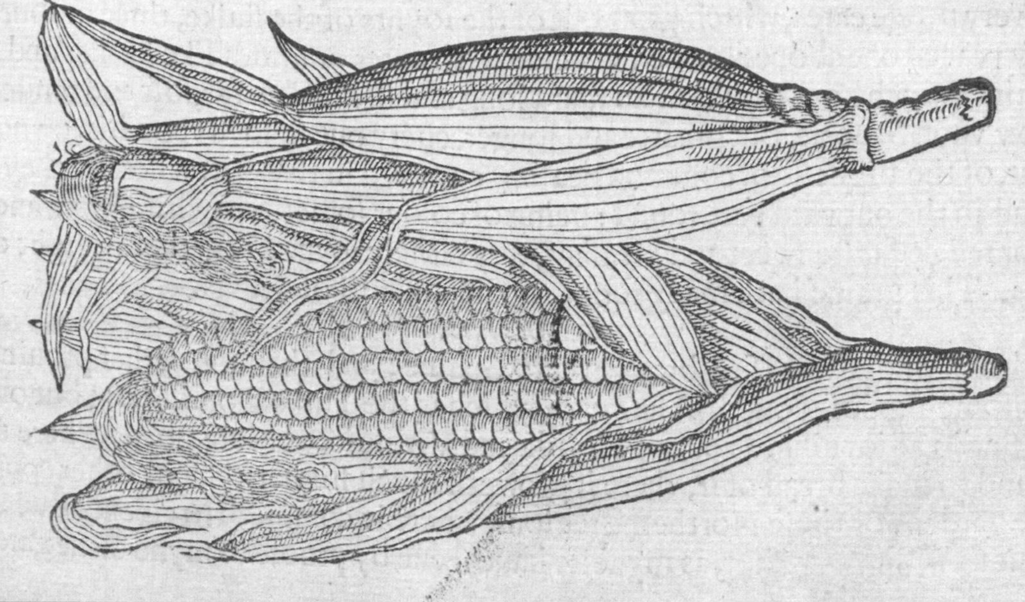

CHAP. 349. *Of Potato's.*

Sisarum Peruvianum, siue Batata Hispanorum.
Potatus, or Potato's.

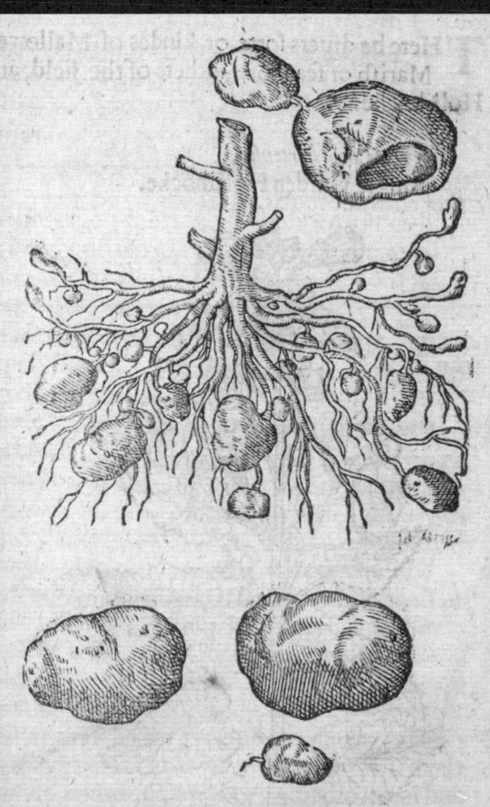

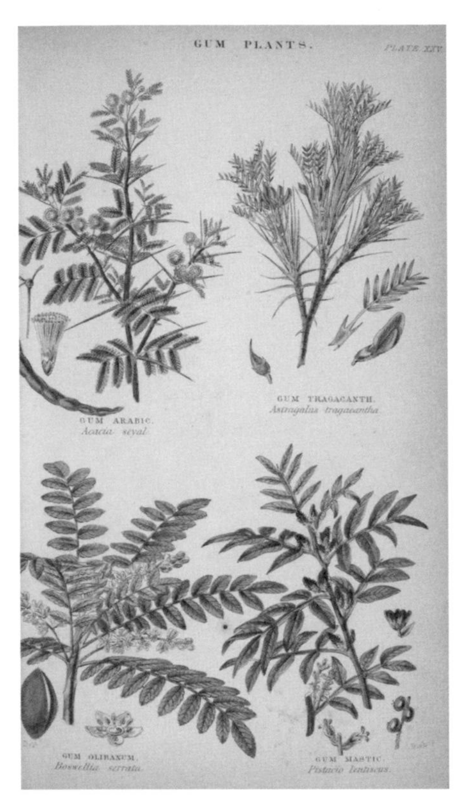

「Dover[e]」是「do-over」（重做）的俗語，因此「Jack of Dover」可能是一瓶重灌了廉價劣等酒的昂貴酒，或是烘烤過不只一次的肉派。這個用語相當普遍，甚至在一個世紀後，共產主義的先驅湯瑪斯・摩爾爵士（Sir Thomas More，1478-1535年）在把責任推卸到英吉利海峽對岸時，也稱之為「A Jak of Parys, an evil pye twyse baken」。但這對1512到1514年英法聯軍之役（Anglo-French War）有何影響仍不明確。

事實上，直到歐洲殖民時期，才開始流行添加食物增稠劑。歐洲政權成功壓制原住民，逼他們種植糖類、香料和其他輾轉至世界各地的作物，在此同時也發現了許多含有澱粉的新作物，可以用來當作增稠劑。加勒比海的葛粉、巴西的樹薯、日本的片栗粉、南美洲的太白粉、北美洲的玉米粉、以及新幾內亞的西谷米，全都是在十六至十八世紀時「發現」並商品化的。這些添加物特別適合用來製作十七世紀受歡迎的肉凍、果凍和糊凍狀食物。拿破崙一有機會嘲笑英國人就絕不放過，他曾發表過精闢的評論，說英國人吃這麼多葛粉的原因，其實只是為了要多多支持自己的海外殖民地。

確實，海外勞役奴隸的種植園供應大量食物給歐洲消費，同時這些食物的需求量也日益增加，這兩者之間的因果關係很難釐清。弗蘭・歐布萊恩（Flann O' Brien，1911-54年）寫過一篇非常有趣的小說段落，稱為《史萊特利的西谷米傳奇》（Slattery' s Sago Saga），描述愛爾蘭試圖種植葛粉取代馬鈴薯，自南美洲進口，想要取代愛爾蘭人開心吃了數世紀的山珍美食。這項計畫的始作俑者是一位蘇格蘭女性，企圖讓愛爾蘭擺脫惰性，同時阻止愛爾蘭移民四處傳播羅馬天主教教義。愛爾蘭位於墨西哥灣暖流的終點，因此歐布萊恩辯稱，棕櫚樹在此也會茁壯生長，提供愛爾蘭飲食全新的澱粉來源，並讓愛爾蘭看起來更像英國殖民地——雖然可笑，但卻完全說中了。晚宴中的餅乾和果凍製作過程中所使用的進口澱粉，當然也用來餵養機械規模越加龐大的工業革命。不管你怎麼想北歐的馬鈴薯或義大利的玉米粥，殖民地的澱粉作物至少能讓農民有工作忙，並且生存下去。

增稠劑和資本主義的合併，隨著時間的流逝，並沒有化繁為簡。在十八世紀時，英國人開始接納法國料理。在此之前，要熬煮肉汁理所當然就是要用一大塊肉。但到了十八世紀中，這點從此改變了，一款既強大又昂貴的法國醬汁改變了英語系國家對肉汁的概念。諷刺地，這項改變的始作俑者就是《簡易烹飪藝術》（1747年）的作者、以引誘法國人著名的英國廚師，漢娜・葛雷斯（1708-70年）。

> 這時代的人太盲目愚蠢，
> 竟然寧可受法國呆子欺騙，
> 也不願鼓勵優秀的英國廚師。

在比頓夫人之前，葛雷斯一直是英國料理的核心人物。她極為成功的食譜書裡，用不著邊際的引言，屢次批評法國料理是過於考究、昂貴又造作的料理。她詳加解釋該如何取代她所認定的法式肉汁（事實上是棕醬），建議以培根取代「火腿精華」，少用點小牛肉，加點牛肉，用鴿子取代鷓鴣，再加上各式蔬菜，包括洋蔥、胡蘿蔔、松露和羊肚菌等，製作出更實用的醬汁，可以「替女士們省去不少麻煩」。與其勸阻那三四個想要製作出正確棕醬改善燒烤口味的英國廚師，她成功的設立了肉汁的新標準：濃稠、香醇以及昂貴。自此之後，所有製作肉汁的廚師，都不約而同地朝著這個柏拉圖式的理想境界努力。

對頁左圖 | 植物膠——阿拉伯膠、黃蓍膠、乳香、乳香樹膠。出自威廉・蘭德（William Rhind）的《蔬菜王國歷史》（A History of the Vegetable Kingdom，1857 年）。
對頁右圖 | 可入菜的植物——葛粉、木薯或樹薯、山藥、番薯。

對頁左圖 | 西谷米樹。凡索・皮耶・紹米頓（François Pierre Chaumeton），Flore Médical（1814-20 年）。
對頁右圖 | 果凍、奶油蛋糕和甜點。比頓夫人，《家務管理書》（1892 年）。

SAGOU.

a. l. l.

Jelly of 2 Colours.

Lemon Cream.

Macedoine of Fruits with Jelly

Victoria Sandwiches.

Meringues.

Grape Jelly.

Chocolate Cream.

Trifle.

Iced Oranges.

Tipsy Cake.

Stewed Pears.

Rout Cakes.

Crystalized Fruits.

Apples à la Parisienne

Nougat Almond Cake.

Blanc-Mange à la Vanille.

然而這個理想一樣難以實現，理由就和當初漢娜・葛雷斯對「法式肉汁」提出的批評一樣。一般廚師多半無法製作出正確的棕醬，或是葛雷斯提倡的「價格稍低但依然相當昂貴費時的複製版本」，不過他們仍然可以嚮往這樣的醬汁，確實他們也心生嚮往。僅僅數十年後，你便會見到「既濃厚又香醇」的概念在英國和美國食物文化中廣為流傳。麵粉糊這個詞最早是在1793年時被提及，出現在梅農（Menon）所著法國食譜書，《法國家庭烹飪》（French Family Cook）的英譯本當中。濃厚成了富裕和優渥的代名詞：有了醇厚的棕色醬料，彷彿就代表能心滿意足地坐在溫暖的爐火邊度過夜晚。這兩個概念，濃厚和香醇，如果聯想在一起，彷彿你能看見工業時期叼著雪茄戴著禮帽的巨擘像棕色墨水一樣在街上流著。在整個十九世紀，食譜書不再只是提及食材的基本特質，而開始會針對肉汁和其它醬料的黏稠度進行描述，例如和奶油一樣濃、添加蛋汁變稠、加進麵粉勾芡、像麵糊一樣稠等等。1899年相當受歡迎的一本食譜書提到，假使番茄醬太稀的時候，建議添加些葛粉。1841年版的英國《笨拙》（Punch）週刊曾以拗口的方式繞著彎說笑，形容肉汁濃稠到即使在表面溜冰，也不會陷下去。隨著崇尚黏稠度的風潮從肉汁延伸至各式醬料和調味料，對於研發新的增稠方法也漸漸產生了需求。中低階層也開始接受濃稠的口感，品嚐棕醬就像圍條毯子在自己身上，彷彿撫慰了生活中愈來愈難實現的富足與舒適感。

隨著工業化進展迅速，增稠的方法以及模仿理想肉汁的方法都發展得愈來愈複雜。一開始時，新式澱粉類和自國外引進的勾芡技巧還足以應付特別熱愛黏稠食品的人。後來出現了畢斯托，這款英國肉汁顆粒品牌於1908年上市，用小麥和馬鈴薯澱粉做為增稠劑，並添加酵母粉，增添近似肉味的麩胺酸風味。像是沙拉醬、罐裝調味料和最近流行的低熱量肉汁和醬

料，都需要添加增稠劑，且這個增稠劑必須能發揮乳化劑的功能，又不會像澱粉一樣分解成糖分。

自中世紀以來，食譜中就曾提到利用某些樹液作為增稠劑和穩定劑。法國藥師及預言家米歇爾・德・諾特雷達姆（1503-66年），又稱諾斯特拉達姆士，所偏愛的一則十六世紀著名食譜中，曾推薦用糖製作杯盤時，可使用紫雲英樹膠。有些甜點仍然使用阿拉伯膠，食物的烹製也常使用到膠豆和刺槐豆膠。然而這類膠若不是取得不易無法大量用於一般食譜中，要不然就是使用起來差強人意。

美國比其他任何地方，都讓人更能切身體會到對增稠劑的需求。二十世紀中期，蘇聯太空人尤里・加加林（Yuri Gagarin）於1961年飛上平流層，美國不只在太空競賽，就連在增稠劑方面也落後。俄羅斯人所有料理只要加酸奶油就滿足了，但美國在黏稠度上卻落後一大截，這也使得戰後的美國喪失希望和夢想。於是又再度仰賴資本主義解圍：這回連美國農業部也來插手。

二十世紀初發明的高湯塊和馬麥醬，是為了讓無法負擔得起肉類的人也能嚐到等同肉類的滋味。同樣的，增稠劑的研發也是為了提供民眾能撫

對頁 | 新明頓豆粉（Symington' s Pea Flour）的廣告。《畫報》週報，1904 年。
上圖 | 布朗 & 波森玉米粉（Brown & Polson' s Corn Flour）的廣告，出自瑪奎萊特 ・ 菲登（Marquerite Fedden）的《帝國食譜》（Empire Cookery Book，1927 年）——為鼓勵消費大英帝國物產而出的書。

Enjoy all you want

New Dream Whip is low in cost, low in calories–only 17 per serving. And so easy to mix–just add milk, vanilla, and whip. Comes in a box (big new double size or regular), stays fresh on your shelf, needs no refrigeration. Won't wilt, won't separate, keeps for days.

Just add milk, vanilla and whip

NEW DREAM WHIP

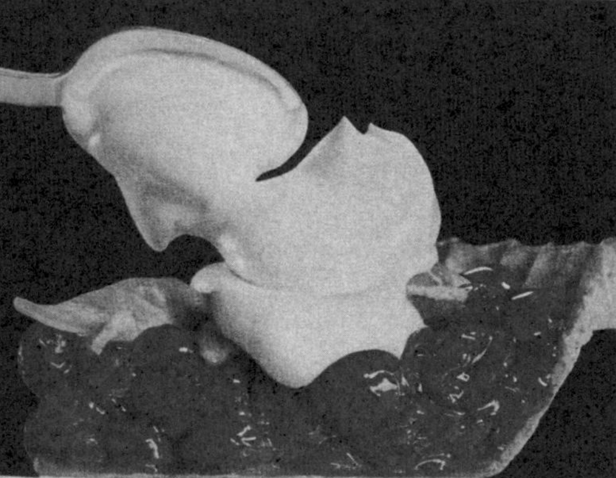

Light and lovely Dream Whip makes pies and puddings twice as fancy. And you can use it for days—stays fresh in the refrigerator.

Cherry Dream Cake is the easiest dessert ever! Simply layers of sponge cake . . . chopped cherries . . . and luscious new Dream Whip.

Snowy Pears—with Jell-O. Pear halves...soft Jell-O gelatin spooned on . . . and a mountain of Dream Whip. Added calories? Hardly any.

Dream Whip on anything costs so little. Like on gingerbread cake. You can heap it high with never a thought for the budget.

Tested by General Foods Kitchens. Jell-O and Dream Whip, trade-marks of General Foods Corp.

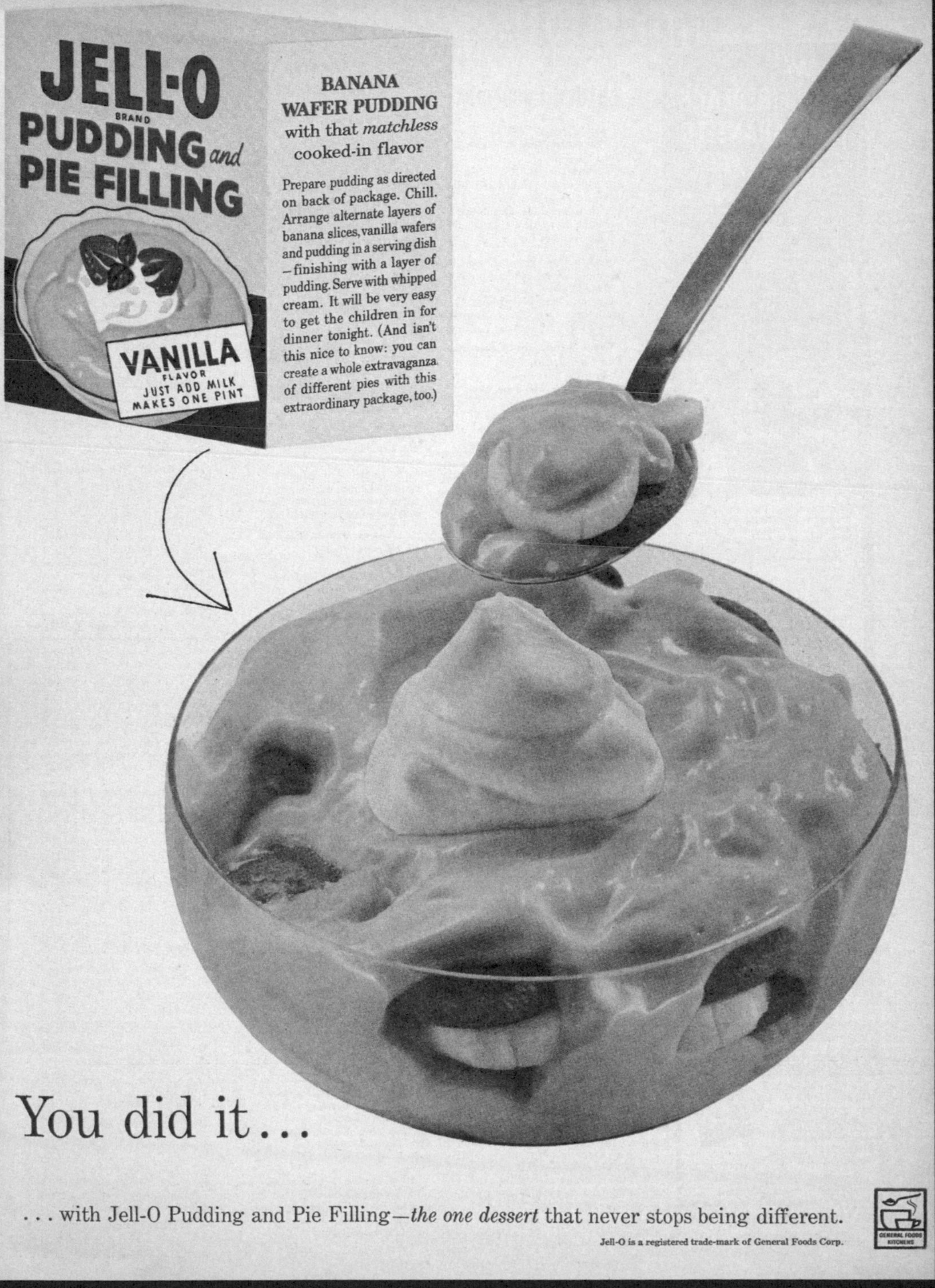

JELL-O BRAND PUDDING and PIE FILLING

VANILLA FLAVOR
JUST ADD MILK
MAKES ONE PINT

BANANA WAFER PUDDING
with that *matchless* cooked-in flavor

Prepare pudding as directed on back of package. Chill. Arrange alternate layers of banana slices, vanilla wafers and pudding in a serving dish—finishing with a layer of pudding. Serve with whipped cream. It will be very easy to get the children in for dinner tonight. (And isn't this nice to know: you can create a whole extravaganza of different pies with this extraordinary package, too.)

You did it…

…with Jell-O Pudding and Pie Filling—*the one dessert* that never stops being different.

Jell-O is a registered trade-mark of General Foods Corp.

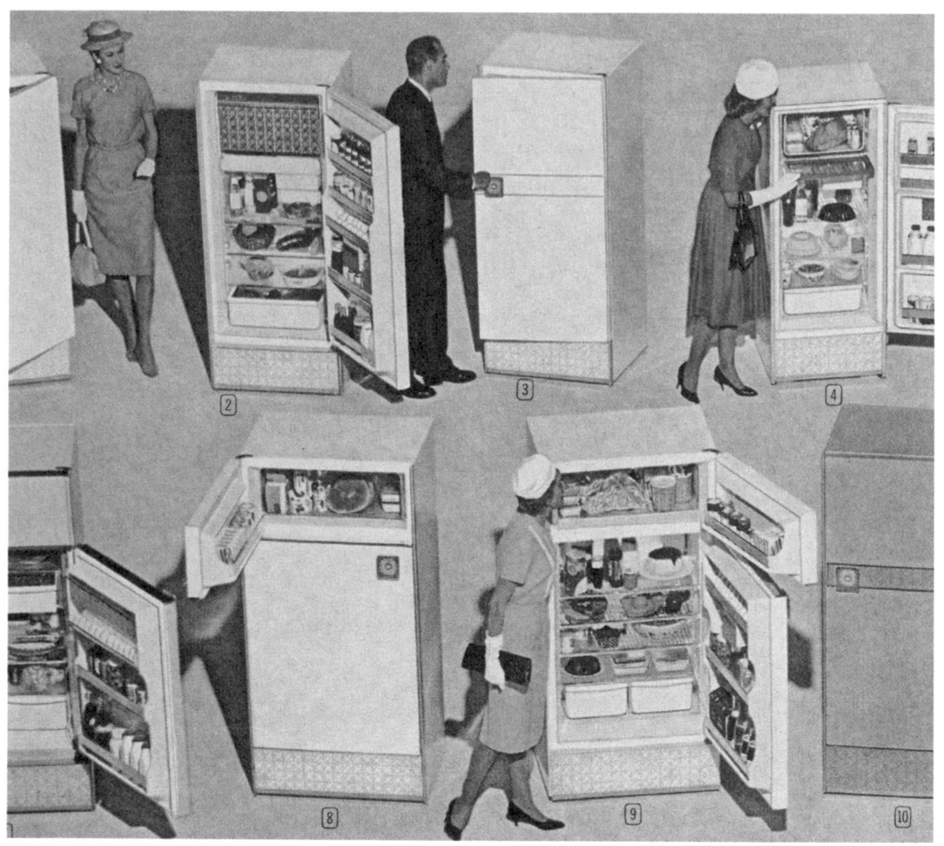

慰心靈的醬料，好讓他們的醬汁能像他們在戰後發福的腹部一樣肥厚。在60年代初期，繼古巴飛彈危機和加加林的火箭發射之後，美國農業部也發現，稱為黃單胞桿菌（Xanthomonas campestris）的植物致病細菌會分泌一種多醣，經乾燥後非常適合作為增稠劑和乳化劑。因此二十世紀最偉大的產品之一，同時也是世界上最多用途的增稠劑便誕生了：三仙膠。它是否為美國贏得了冷戰呢？關於這點意見分歧，但總而言之，我會說「應該是吧。」

這些膠和增稠劑與資本主義脫不了關係，這點無庸置疑。澱粉長久以來被用於織品製造上，但現在也用在製藥、造紙和混凝土上。膠豆製成的瓜爾膠（guar gum），過去主要是做為優格、濃湯和冰淇淋的增稠劑（能

上圖 | 家榮華（Kelvinator）1955年的「福達買超市（Foodarama）」廣告：「全新概念的奢華生活」。
對頁 | 郎特里（Rowntree）的果凍，《閒談者》，1928年7月18日。
次頁左圖 | 冷戰時期的菲爾可電子（Philco Electronics）廣告，內容有一台冰箱、衛星還有電腦。《展望》雜誌，1961年7月。
次頁右圖 | 尤里・加加林（Yuri Gagarin）刊登於1961年4月20日出刊的蘇聯雜誌《鱷魚》（Krokodil）封面。

RUSSIAN CHARLOTTE

CHOCOLATE BLANCMANGE

JELLY MARLBOROUGH

RASPBERRY POMMES

The Rowntree Jelly Recipe Book, showing these and many other delicious dishes—all tested and approved by the "Good Housekeeping" Institute—will be sent free for a postcard to Rowntree's, York.

(T.S. Dept.)

CHOCOLATE BLANC-MANGE

Scald ½ pint milk. Mix one dessert spoon Rowntree's Elect Cocoa and 1 tablespoonful sugar with a little boiling water; bring to boil. Dissolve 1 Rowntree's Vanilla Jelly in ½ pint hot water. Add cocoa. When cool, gradually stir into ½ pint milk. Pour into wet mould. Leave to set.

JELLY MARLBOROUGH

Dissolve 1 Rowntree's Jelly in ¾ pint hot water; leave to cool. Trim sponge fingers to height of charlotte russe tin; brush their edges with white of egg; pack fingers tightly round mould. Whip jelly, when cold, to a sponge and pour into mould.

RASPBERRY POMMES

RUSSIAN CHARLOTTE

預防含水的食物在冰凍時形成冰塊結晶），但現在多半用於水力壓裂的過程，簡稱壓裂（fracking），也就是將添加瓜爾膠增稠的加壓液體，注入地下，釋放出天然氣和石油。在德州西部，甚至專為壓裂用途，種植了豆膠樹林。但其實印度才是全球最主要的產地，每年出口約三百萬噸至西方世界。到頭來像殖民主義這些事依然沒有改變。

我們甚至已無法察覺自己周遭充斥增稠的產品：它就和礦坑和鐵道一樣，儼然已是我們後工業社會中的一部份了。但假使哪天有人以快被噎死的怪聲問你，為什麼我們所有的液體食物都這麼的濃稠，你可以回答他們：一言難盡。

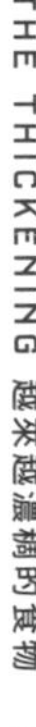

Wanted: A refrigerator that properly preserves many foods under different temperature and humidity conditions ideal for each. The answer is the Philco Custom-Tailored Cold Refrigerator—with a right place, right temperature, right humidity for every food. Butter, cheese, milk, eggs, meat, vegetables—even ice, in some models—have a special, scientifically controlled area. And there's no frost to scrape in either the fresh-food compartment or the freezer. Though free-standing, every new Philco is UL-approved for recessed installation, for that custom look without custom cost!

Philco monitors our first man in space! The National Aeronautics and Space Administration (NASA) chose 16 Philco TechRep engineers to play important roles in monitoring the electrical and mechanical systems in Project Mercury's first astronaut shot. At many monitoring points around the globe, a Philco TechRep was one of the 3 key men at the vital control consoles. His responsibility: observing the spacecraft's attitude, pitch, roll, yaw motion, fuel, cabin and suit oxygen supply, temperature and pressure—and recommending any corrective earth control measures necessary.

Рисунок И. СЕМЕНОВА.

Ю. А. ГАГАРИН:— Полет продолжается нормально. Состояние невесомости переношу хорошо.

КРОКОДИЛ

№ 11 (1625) ГОД ИЗДАНИЯ 39-Й 20 АПРЕЛЯ 1961

12
3
2
1
4
5
9
6
8
7
11

1
2
3
3
12
7
6
5
5
11
10
9
10
13
13
14

PICTURE CREDITS
圖像版權

All images © The British Library Board except

29 above Wellcome Images; 29 below Museo Nazionale Romano, Rome; 30 Unterlinden Museum, Colmar; 34, 35 British Museum, London; 44-45 Rijksmuseum, Amsterdam; 46, 48 British Museum, London; 53 Ursus Book & Prints; 55, 58-59 Wellcome Images; 60 Rijksmuseum, Amsterdam; 61, 62 British Museum, London; 64-65 Library of Congress Prints and Photographs Division, Washington D.C.; 82 Library of Congress Prints and Photographs Division, Washington D.C.; 85 Private Collection; 100 right New York Public Library; 104 Pushkin Museum of Fine Arts, Moscow; 112-113 Rijksmuseum, Amsterdam; 119 British Museum, London; 128 Private Collection; 135, 136 Private Collection; 144 © Justin Kerr; 145 akg-images/Album/Oronoz; 149 New York Public Library; 154, 155 British Museum, London; 156 Museo del Prado, Madrid; 157 National Gallery, London; 167 British Museum, London; 176, 178-179 Library of Congress Prints and Photographs Division, Washington D.C.; 185 below Art Archive/DeA Picture Library/M. Seemuller; 187 New York Public Library; 190 Bibliothèque Nationale de France, Paris; 191 Private Collection; 193 Palais de Versailles; 194, 195 Private Collection; 216, 217 Wellcome Images

INDEX
索引

L

M

N

O

P

R

ACKNOWLEDGEMENTS
誌謝

感謝我的家人：曼蒂、艾娜和凱撒斯對我的寬容和鼓勵，我才能完成這本書。

謝謝喬許和麥特引領我踏上這條路，對於我偶發奇想的理論也總是給予空間。另外特別感謝強恩讓這一切成真。

1
2
5
4
3
4
3